CATALOGUE

DES PUBLICATIONS

DE LA

BIBLIOTHÈQUE IMPÉRIALE

PUBLIQUE

DE SAINT-PÉTERSBOURG,

DEPUIS SA FONDATION JUSQU'EN 1861,

AINSI QUE DES DIFFÉRENTS ÉCRITS QUI LA CONCERNENT

SPÉCIALEMENT,

OU QUI ONT ÉTÉ PUBLIÉS

A SON PROFIT.

Imprimé avec l'autorisation du directeur de la bibliothèque.

Въ типографіи комм. ИМПЕРАТОРСКОЙ Академіи Художествъ, Гогенфельдена и Ко.

ers l'année 1850, l'histoire de notre bibliothèque, quoique n'embrassant encore qu'un siècle, commençait à se perdre dans des traditions mythiques. Plus de trente ans s'étaient écoulés sans qu'aucun compte-rendu fût publié, et comme le personnel, à très peu d'exceptions près, avait changé plus d'une fois depuis, les bibliothécaires eux-mêmes ne savaient que fort vaguement les choses qui s'étaient passées avant leur temps. La bibliothèque, ostensiblement au moins, n'avait donc plus d'annales.

Nous nous en apperçûmes quand il fut question de rassembler les premières notices historiques, publiées depuis sous le titre Nachricht von der Kaiserlich-Oeffentlichen Bibliothek.

Or s'il n'est permis à aucune institution d'ignorer sa propre histoire, une grande bibliothèque est tenue bien davantage encore de connaître la sienne; car c'est elle même qui en renferme tous les documents. Si les pièces qui doivent servir à ce que l'on pourrait appeler son autobiographie, ne sont point encore rassemblées. si dans les archives de la bibliothèque il n'y a pas de section établie particulièrement à cet effet, elle possède du moins. et cela sans le moindre doute, tout ce qu'il faut pour en établir une. Ses livres sont là pour fournir tous les matériaux nécessaires. Ils auront réponse à tout, pourvu que l'on sache et que l'on se donne la peine de les interroger.

Nous avons essayé de le faire, il y a dix ans, et c'est dès lors que s'est formé le noyau de la petite collection toute spéciale dont aujourd'hui nous offrons le catalogue au public.

Si minime qu'il est, ce catalogue contient toute l'histoire de notre bibliothèque; il y a plus. l'histoire de tout un siècle de la civilisation européenne y est indiquée comme par échelons. Pour s'en convaincre. il suffit de jeter un regard sur la date des publications consignées dans notre catalogue par ordre chronologique.

Fondée, à Varsovie, en 1747, avec tout l'enthousiasme, un peu exubérant parfois, du temps qui précéda la révolution française, cette bibliothèque fut entourée d'un prestige extraordinaire dès son origine. Programmes, projets, poèmes, discours en son honneur se suivirent sans interruption. C'était à qui encenserait le mieux le comte Joseph Żaluski, son premier fondateur, en le comparant aux plus grands héros de l'antiquité, surtout à Ulysse et à Thésée. La foudre même du Vatican fut requise, dit-on, pour protéger la nouvelle création, — le sérapéum, l'oracle des temps modernes.

Nous possédons un gros volume in-folio, moitié manuscrit, moitié en feuilles d'épreuve, où le fondateur a eu soin de réunir tous les éloges qui se sont débités à son adresse ou à celle de sa bibliothèque avec laquelle du reste il s'identifiait entièrement.

Gardons-nous bien cependant de le taxer d'un amour-propre ridicule. En mettant de côté les oripaux de l'exagération habituelle de l'époque, nous nous trouvons devant un fait sérieux et digne de tout éloge: la fondation d'une grande bibliothèque publique par un particulier sans autre intérêt que celui de la science.

Et même dans cette avalanche d'éloges in-folio. au milieu d'un fatras d'exercices de style d'une puérilité ineffable et de ces poésies soi-disant latines qui vinrent s'abriter sous le toit de la bibliothèque comme une nuée de pauvres oiseaux artificiels, faits avec les plumes d'autrui, — au milieu de tout cela, nous avons rencontré de vraies perles de sagesse bibliographique, des renseignements précieux et des avis que les bibliothécaires de nos jours ne dédaigneront pas.

Nous allons revenir à ce recueil dans un instant, après avoir achevé notre exposé historique.

Le tourbillon des guerres qui vinrent clore le XVIIIme siècle emporta la bibliothèque vers d'autres rives. Le jour de son cinquantième anniversaire. nous la trouvons en caisses à St. Pétersbourg; depuis elle fut établie impérialement, avec cette splendeur sévère qui décèle le goût demi-antique de la seconde renaissance. Les troubles des luttes qui inaugurèrent le XIXme

siècle, comme elles avaient terminé le XVIIIme, ne purent arrêter l'oeuvre de son organisation, et du 2 Janvier 1812, jour où l'Empereur Alexandre I vint la visiter pour la première fois, date le second âge de notre bibliothèque.

Le public y fut admis depuis l'année 1814. C'était le temps de la restauration en Europe, c'est-à-dire quelques années d'un élan généraux suivies d'un calme plat qui dura fort longtemps. Il en fut de même dans notre bibliothèque: elle déploya une grande activité jusqu'en 1818 et tomba ensuite dans une espèce d'assoupissement dont ne purent la tirer ni les nouveaux trophées littéraires qui lui arrivaient de l'orient comme de l'occident. ni le vaste agrandissement de son enceinte, jusqu'à l'époque où les revirements de l'esprit du siècle qui se manifestèrent sur toute l'étendue du monde civilisé depuis 1830, et plus encore depuis 1848, vinrent aussi produire sur elle leurs effets.

Après ce que nous venons d'indiquer, parler des personnes qui se sont succédées dans l'administration de la bibliothèque. pour leur attribuer, comme on se plait à le faire assez communément, tous les changements qui s'y sont opérés, serait chose oiseuse. Du point de vue où nous nous sommes placés, il est évident que les individus n'ont agi et n'ont pu agir que sous l'influence des idées de leur temps.

Si, de nos jours, la bibliothèque est arrivée au quadruple de son matériel primitif, si elle tend à se rendre de plus en plus accessible et utile au public, c'est que le temps a marché et que, l'eût-elle voulu, elle n'aurait pu rester en arrière.

Il est curieux cependant de voir réduit presqu'à une formule mathématique le mouvement vital qu'attestent les publications de notre bibliothèque dans les différentes époques de son existence. Nous la trouvons, cette formule, dans notre petit catalogue dont voici les divisions: A. Publications du temps de Zaluski, de 1747 à 1773, 21 numéros; B. du temps d'Olénin, de 1811 à 1843, 16 numéros; C. du temps de Boutourlin, de 1843 à 1849, 7 numéros; D. sous la direction actuelle, de 1849 à 1861, près de 100 numéros.

Tous les livres de cette collection, pour être plus sûrement conservés dans leur ensemble, viennent d'être reliés d'une manière particulière. Cette reliure, aussi riche que solide, à tranche dorée et aux armes de la bibliothèque, est en maroquin de couleur différente, pour distinguer, au premier coup d'oeil, les époques de la publication. Les livres sont déposés dans un petit meuble artistement travaillé et placé au milieu de la salle des Rossica, avec cette inscription:

ИСТОРІЯ И ИЗДАНІЯ

ИМПЕРАТОРСКОЙ ПУБЛИЧНОЙ БИБЛІОТЕКИ.

(Histoire et publications de la Bibliothèque Impériale Publique).

Il nous reste, comme nous l'avons promis, à analyser le recueil intime du comte Joseph Zaluski, recueil que nous considérons comme le

TESTAMENT BIBLIOGRAPHIQUE D'UN GRAND

BIBLIOPHILE DU XVIIIe SIÈCLE.

Ce n'est pas tout à fait un livre que nous avons à examiner, ce n'est que la matière d'un livre, ou plutôt ce que l'on appellerait, en termes de typographie, une copie arrangée pour quelque seconde édition. Aussi, avant de figurer dans la collection spéciale des publications de la bibliothèque, avait-il trouvé sa place dans notre salle des manuscrits (division des polyglottes F. XVIII. 171.)

La première partie de cet in-folio est bien et dûment imprimée; les feuilles qui suivent, sont prises dans un autre livre; puis vient encore une partie tirée à net, et à la fin une série de feuilles d'épreuve scrupuleusement corrigées.

Tout cela ne forme que, pour ainsi dire, l'enclos, où l'auteur a semé, à pleines mains, de petits imprimés et une quantité incalculable de feuillets manuscrits, collés les uns contre les autres. Et partageant la manie de bien d'autres auteurs, d'économiser le papier blanc, il s'est servi de bouts de papier les moins propres à cet usage, ce qui lui fournit l'occasion de s'exercer dans une écriture de plus en plus microscopique et pouvant rivaliser, quant aux abréviations, avec un manuscrit juridique du XIVme siècle.

Mais tel qu'il est, ce livre, ou ce recueil, allait être publié, se trouvant, comme on le disait alors, ad umbilicum perductus.

Aujourd'hui que l'on aime à trouver les portes de la science

ouvertes à deux battants. nous croyons avoir tout fait pour ré-
jouir les mânes du vénérable bibliophile. si nous donnons au public un résumé et quelques extraits de son curieux testament. dont
voici le titre:

Bibliographia Zalusciana,

EXHIBENS ILL. EXCELL. ATQUE REVEREND.

D. D. Jos. Andr. Comitis in Zaluskié

ZALUSKI,

Kioviensis atque Czernichoviensis episcopi,

heroici ordinis aquilae albae equitis,

tam edita quam edenda scripta,

inspersis plurimis notis atque observationibus litterariis

ex ejusdem illustrissimi praesulis scrinio desumtis; —

Opus litterariae historiae polonae amatoribus jucundum ac perutile

partim Berdiczoviae in typographeo Mariano,

partim Varsaviae Mizlerianis, collegiique

Societatis Jesu typis impressum

annis 1763, 1764, 1765 et 1766.

Malgré son étendue, ce titre est loin d'indiquer tout ce que contient le volume, comme nous le verrons par la suite, et même avant d'arriver au titre nous rencontrons plusieurs feuillets manuscrits assez curieux pour que nous-nous croyions obligés de les reproduire ici textuellement avec notre traduction. Nous aurions pu. il est vrai, nous borner à ne donner que cette dernière. le texte. latin n'étant au fond qu'une mosaïque de compilations accommodées pour la circonstance; mais il nous importe de faire connaître les tendances du premier fondateur de notre bibliothèque en leur conservant la couleur du temps. Nous voulons donner le procès verbal complet d'une matinée littéraire de l'an 1747, depuis le couronnement des lauréats jusqu'aux applaudissements de la fin. Nous y tenons d'autant plus, que cette matinée a eu pour nous indirectement les plus heureuses conséquences.

I. Ritus inaugurationis.

Post praelectas lucubrationes. prosa et metro. quibús prae-

I. Cérémonial.

Après la lecture des pièces de concours. tant en prose

mia adjudicanda censentur; demum sequitur lectio donationis palatii et bibliothecae ac musaei usui publico factae a duobus fratribus Zaluskiis olim Cracoviensi et nunc Kioviensi episcopis *).

qu'en vers, qui auront obtenu des prix. on lira l'acte de donation par lequel les deux frères Zaluski, feu l'évêque de Cracovie et l'évêque actuel de Kiew, font cession, pour le bien public, de la maison. de la bibliothèque et du musée.

*) L'inauguration de la bibliothèque eut lieu le 3 Août 1747. Le grand prix d'éloquence, consistant en une médaille de la valeur de 50 ducats, fut décerné entr'autres à Chladenius, professeur de jurisprudence à Wittenberg, pour un discours latin qu'il publia ensuite dans l'opuscule: «Gentis Zaluskiae oracula».

La phrase qui concerne la donation, est corrigée de la main de Joseph Zaluski. Dans la première rédaction, il y avait après le mot palatii: «tum villae Okecié». et à la place de «duobus fratribus», seulement «Celsissimo principe episcopo Cracoviensi». — Il résulte de là que c'est au nom de ce dernier seul que la bibliothèque fut ouverte au public.

Nous savons que dix ans plus tard, en 1757, quand mourut l'aîné des deux frères, le comte André Zaluski, évêque de Cracovie, son testament fut cassé et par conséquent sa donation révoquée en doute. Il ne resta légalement acquis à la bibliothèque qu'un capital de 46,000 flor. polon. et 2500 volumes. C'est alors que le comte Joseph, qui avait employé toute sa fortune à ressembler de son côté 200,000 volumes, fit encore le sacrifice de la part qui lui revenait de l'héritage de son aîné, pour assurer l'avenir de ses trésors littéraires. L'empressement qu'il montra en toute occasion à faire valoir son titre de fondateur unique. ne laisse pourtant pas de jeter quelque ombre sur son caractère. On

ll. Testamentum seu ultimae voluntatis tabulae III. Rev. Comitis Josephi Zaluski, Referendarii Regni Supremi, quoad suam Bibliothecam ipsissimis verbis testamenti praeclarissimorum et eruditissimorum virorum Jacobi Augusti Thuani, Francisci Petrarchae et Julii Ursini exaratae:

Bibliothecam meam anno

II. Testament ou tablettes de la dernière volonté de l'illustre et très révérend comte Joseph Zaluski, grand Référendaire du Royaume, en ce qui concerne sa bibliothèque, écrites avec les paroles mêmes du testament des célèbres et savants Jacques-Auguste de Thou, François Pétrarque et Jules Ursini:

Comme il importe non seu-

comprend qu'ici l'amour fraternel a cédé le pas à l'amour des lettres et de la gloire. Notre bibliothèque conserve un manuscrit autographe («Mensonges imprimés au sujet de Joseph comte de Zaluski etc. écrit pendant son exil à Kalouga en Grande Russie, à l'âge de 72 ans, avec des notes anecdotiques, 1772» 46 ff. in-4°) où l'auteur va jusqu'à se comparer à l'ancien patriarche Joseph, jeté dans un puit sec par ses frères.

rum XLVI spatio magna diligentia ac sumptu congestam. quam integram conservari non solum familiae meae, sed etiam rei litterariae interest, dividi. vendi, ac dissipari veto, eamque communem facio ita ut etiam exteris aliisque philologis ad usum publicum pateat.

Ejus custodiam hodierno custodi. multis nominibus mihi caro, committo (donec aliter visum fuerit) qui et libros manuscriptos iis qui opus habebunt, utendos dare poterit etc. (Hucusque Thuanus).

lement à ma famille. mais aussi à la science, que ma bibliothèque que j'ai rassemblée dans l'espace de quarante-six ans. avec beaucoup de soins et de frais. soit conservée entière. je défends qu'elle soit divisée, vendue ou dispersée, et la rends publique, afin que les savants étrangers et autres puissent également en profiter.

J'en confie la surveillance (sauf avis ultérieur) au conservateur actuel, qui m'est cher à bien des titres. et je l'autorise en même temps de prêter aussi des manuscrits à ceux qui en auront besoin. (Jusqu'ici De Thou).

Cupio patriam meam dulcissimam haeredem habere nescio quot librorum, quos nunc habeo vel sum forsitan habiturus. hac lege, quod libri nec vendantur nec quomodolibet distrahantur, sed in loco isto ad hoc deputato, qui sit tutus ab incendiis atque imbribus, ad mei memoriam nec non ad ingeniosorum et militum civitatis hujus, quos contingat in talibus delectari, consolationem qualemcunque et commodum perpetuo conserventur. (Hucusque Petrarcha).

Je désire avoir ma chère patrie pour héritière de je ne sais combien de livres, que je possède actuellement ou que je vais peut-être encore posséder, à la condition que ces livres ne soient vendus ni dispersés d'aucune façon, mais au contraire conservés toujours dans l'endroit qui leur est destiné et qui doit être assuré contre le feu comme contre la pluie: qu'il en soit ainsi tant en mémoire de moi que pour l'agrément et l'utilité des savants et des militaires de ce pays s'ils sont susceptibles de semblables jouissances. (Jusqu'ici Pétrarque).

Dono patriae meae omnes et singulos meos libros, tam Graecos quam Latinos, manuscriptos et impressos, in quibus, licet impressis, est aliqua in marginibus notatio manu doctorum virorum, et omnes alias praeterea scripturas, quae cum auctorum dictorum nominibus descriptae sunt in indice seu inventario a me subscripto meoque sigillo signato. Quos quidem libros, qui magni sunt nominis et pretii, et scripturas volo ad communem studiosorum utilitatem servari in ea bibliotheca, quae magno mihi olim adjumento fuit, cum juvenis ibi

Je donne à mon pays tous mes manuscrits grecs et latins, ainsi que les imprimés qui portent sur leurs marges quelque annotation de la main de gens savants; j'y ajoute en outre tous les autres écrits que j'ai mentionnés, avec les noms de leurs auteurs, dans l'inventaire signé de ma main et marqué de mon sceau. Mon intention est que ces livres importants et précieux, ainsi que ces écrits soient conservés, pour l'usage commun des gens studieux, dans la même bibliothèque qui jadis m'a été d'un grand secours quand, dans ma

literis operam darem, tum etiam ut exstet perpetuum quoddam quasi monumentum meae erga sedem Apostolicam devotionis, cum qua cupio hujumsodi legato conscientiam meam exonerare, si quos fructus ex reditibus meis ecclesiasticis, dum vixi, male forsan, perceperim. Volo autem et a bibliothecario, qui erit pro tempore, enixe peto ut per custodes bibliothecae curet in singulis meis libris inscribi: Jos. Zaluski huic Bibliothecae donavit. Et si contigerit aliquos libros et scripturas in consignatione hujus legati non reperiri, ad-

jeunesse, je m'y appliquais aux sciences. Je voudrais en même temps laisser ainsi un souvenir durable de mon dévouement envers le Saint Siège à l'égard duquel je désire, par ce legs. décharger ma conscience, si, durant ma vie, j'ai peut-être fait quelque mauvais usage de mes revenus ecclésiastiques. Je veux et demande instamment au bibliothécaire qu'il fasse inscrire par les custodes dans chacun de mes livres: Jos. Zaluski huic Bibliothecae donavit. Et s'il arrive que quelques livres ou écrits consignés dans l'inventaire ne se retrouvent pas, le

moneat idem bibliothecarius eos qui libros hujusmodi aut scripturas clam detinuerint, incidisse in eam excommunicationem a qua non possunt absolvi nisi a Romano pontifice juxta privilegium bibliothecae, ad quam spectare et pertinere debebunt dicti libri et scripturae hujus legati jure. Curent igitur tam custodes quam alii ne scheda quidem aliqua ex illis libris et scripturis depereat. (Hucusque Ursinius).

Lector benevole,

— — — — — —

Accipe fortunae munera parva meae.

bibliothécaire fera comprendre à ceux qui les retiennent clandestinement, qu'ils se trouvent sous le coup de l'excommunication dont le pape seul peut les relever, selon le privilège de la bibliothèque à laquelle, par droit d'héritage, mes livres doivent appartenir. Que les custodes aient donc soin qu'aucune feuille de ces livres et écritures ne se perde. (Jusqu'ici Ursini).

Lecteur bienveillant,

Accepte les petits dons de ma fortune.

Non mihi sunt Baccho colles
oleisque virentes.
Praediàve Aemiliis conspici-
enda jugis.
Tu veterum dulces scriptorum
sume libellos
Attritos manibus quos ju-
vat esse meis.
Invenies etiam viridi quae lusi-
mus aevo,
Dum studiis aetas molli-
bus apta fuit.

III. Juramentum custodis Bibliothecae.

Ego N. N. in nomine Do-
mini juro: me munus praefecti
hujus bibliothecae optima fide
et dignitate, commodo nationis

Je n'ai pas de collines ver-
doyantes, couvertes de vignes et
d'oliviers, ni des terres, comme
on en voit du haut de la voie
émilienne; je t'offre les déli-
cieux petits livres des vieux auteurs. que j'ai eu tant de plai-
sir à compulser. Tu y trou-
veras également les essais plai-
sants de nos beaux jours, quand
l'âge se prêtait à ce doux genre
d'études. Petr. Lotichius.

III. Serment du bibliothécaire.

Moi N. N. je jure par le
nom de Dieu. que je remplirai
les fonctions de chef de cette
bibliothèque dignement et fidèle-

meae administraturum; et imprimis nullam iniisse pactionem vel coitionem de hoc munere vel recusando vel adipiscendo; me daturum esse operam, ut bibliotheca haec et ea quae pertinebunt ad ipsam, conserventur, augeantur et floreant; sique alii libri vel pecunia ad eam conferantur, me notas in libris collocandis conservaturum; libros quicumque ad bibliothecam accesserint, servatis omnibus circumstantiis, rite in bibliothecae catalogum consignaturum; me dum magistratu abiero, successori meo per octo dies in bibliotheca assisturum,

ment dans l'intérêt de mon pays; j'atteste avant tout de n'avoir fait aucun pacte ni convention aucune à l'égard de cet emploi, ni pour le refuser ni pour l'obtenir; je jure de même, de prendre soin que cette bibliothèque, avec tout ce qui en fait partie, soit conservée, augmentée et tenue en bon état: si d'autres livres ou des sommes d'argent sont acquis à la bibliothèque, j'en conserverai des notes dans ces volumes de nouvelle acquisition et je consignerai en général dans le catalogue, dûment et avec toutes les circonstances, tous les ou-

illumque de omnibus necessa-
riis instructurum: me non per-
missurum ut ullus ex prohibi-
tis libris ad legendum praebe-
atur. nisi exhibita prius licen-
tia in scripto authentico porri-
genda; me cum ab hoc munere.
suo tempore. discessero, ratio-
nem redditurum et claves. ca-
talogos bibliothecae. cimelia lit-
teraria et si quae erunt reliqua,
traditurum. Ita me deus ad-
juvet et haec sancta crux.

vrages dont s'accroîtra la bibliothèque. Dans le cas où j'i-
rais en résigner la direction. je
m'engage à assister mon suc-
cesseur durant huit jours et à
l'instruire de tout ce qui est
nécessaire. Jamais je ne per-
mettrai qu'un livre défendu soit
donné en lecture à moins d'une
permission authentique. En quit-
tant ma place, je rendrai compte
de mon administration. je li-
vrerai les clefs et les catalogues
de la bibliothèque, ainsi-que les
cimelia et tout le reste. Aussi
vrai que Dieu me soit en
aide et cette sainte croix.

IV. Leges custodis Bibliothecae.

1. Indicem expurgatorium et librorum prohibitorum in promptu semper habeto.

2. Libros vetitos nisi ei qui ad id licentiam expressam habuerit, non praebeto.

3. Bibliothecam omnibus, exceptis iis, quibus adeundi facultas concessa est, claudito.

4. Libros munde custodito.

5. Titulos iis inscribito.

IV. Lois du conservateur de la bibliothèque.

1. Il aura toujours sous la main l'index des livres prohibés.

2. Il ne donnera des livres défendus qu'à celui qui sera muni à cette fin d'une permission expresse.

3. A l'exception de ceux qui sont qualifiés pour y entrer, il fermera la bibliothèque à tout le monde.

4. Il conservera les livres proprement.

5. Il y inscrira le titre.

6. Catalogum eorum concinnato.

7. Nullum librum hinc exportandum dato.

8. Si sibi die praefixa aperitioni alibi abeundum sit. alium juratum subrogato.

V. Leges legentium in hac Bibliotheca. quae hunc in modum sancitae sunto inviolateque observantor:

1. Qui in libris aliquid ruperit. dammum resarcire tenetor.

2. Qui clam librum aliquem asportaverit. aditu ad Bibliothecam in perpetuum abjudicator.

6. Il en dressera le catalogue.

7. Il ne donnera aucun livre à emporter.

8. S'il doit s'absenter un jour où la bibliothèque est ouverte, il enverra un autre juré à place.

V. Lois pour les lecteurs. à observer inviolablement dans la bibliothèque.

1. Quiconque déchirera quelque chose dans les livres. restituera le dommage occasionné.

2. Celui qui emporte clandestinement un livre. sera à jamais privé du droit d'entrer à la bibliothèque.

3. Qui surripuerit libros et vendiderit. vel si pretium restituere velit. sacrilegi instar habetor.

4. Horis publicae lectioni designatis altum silentium quisque servato.

5. Ante ipsam lectionem. ad intentionem fundatoris. salutationem angelicam (vel post eorum obitum. psalmum de profundis) quisque devote orato.

6. Bibliothecam hanc diebus et horis ad id destinatis. nempe feriis III et V (incidente aliquo festo non impeditis) ab hora VIII ad prandium. et hora II post-

3. Celui même qui. après avoir volé et vendu des livres. voudrait en restituer le prix. sera regardé comme sacrilège.

4. Aux heures désignées pour la lecture publique. chacun gardera un profond silence.

5. Avant de commencer la lecture, chacun dira dévotement, à l'intention des fondateurs, un Ave Maria ou bien. s'ils sont morts. un De profundis.

6. Cette bibliothèque ne sera ouverte en autre temps que le 3e et 5e jour de chaque semaine. nonobstant les fêtes. depuis 8 heures du matin jusqu'à

meridiana ad sextam hieme, ad octavam vero aestate, non vero alio tempore frequentato.

7. Libros quoscumque a praefecto Bibliothecae postulato. nec in pluteos manus injicere audeto.

VI. Iambi hypomnematici; quibus lectores bibliothecam hanc ingressi, officii sui monentur.

Quisquis vir intras, litteras doctus bonas,
Tumultuosa ne move fores manu,

midi et de 2 heures après-midi jusqu'à 6 heures du soir en hiver, et à 8 heures en été.

7. Tous les livres que l'on voudra lire. doivent être demandés au conservateur et personne n'osera mettre la main dans les armoires.

VI. Memento pour rappeler leurs devoirs à tous ceux qui entrent dans la bibliothèque.

Quelque grand et savant que tu sois, en entrant ici,
Ne jette pas d'une main bruyante les portes,

Nec turbulento fac soloecismum pede.	Et que ton pied turbulent ne commette point de solécisme :
Musis molestus, deinde si quem reperis	Tu incommoderais les muses; puis si tu trouves
Intus sedentem, dic salutem cernitus.	Quelqu'un assis dans la salle, salue-le du regard,
Nutuque muto, nec capesse fabulas:	Ou d'un geste muet, mais ne t'avise pas de bavarder :
Hic occupatos alloquuntur mortui.	Ici, ce sont les morts qui ont la parole.
Mox lector requiesce libro sedulus,	Empresse-toi de t'appliquer tranquillement à un livre
A quo magis surgas bonus, quam doctior.	Qui te rendra meilleur plutôt que savant
Si sat sapis; si non, fero, sis doctior.	Si tu es assez sage; si non, soit, deviens au moins plus savant.
Doctrina multis digna res est laudibus.	Le savoir est chose digne de grands éloges.

Nescit latine. quisquis hic frangit nuces.	Celui-là ne sait pas le latin qui casse ici des noix.
Nescit latine, quisquis hic agit nihil,	Celui-là ne sait pas le latin qui vient ici pour ne rien faire.
Hoc pulcher. haud turbandus ordo postulat:	Le bon ordre ne doit donc être troublé, en aucune façon.
Libros. cavendum maxime est. fur ne domum	Surtout soyons sur nos gardes qu'un voleur
Exportet, aut in auctionem perfidus.	N'emporte des livres traitreusement à la maison ou
Probi vedentur saepe qui sunt improbi.	A la vente. Bien des gens ont l'air honnêtes qui ne le sont pas.
Quem volvis, illum codicem haud corrumpe, neu	Fais attention lecteur. de ne pas détériorer le livre que tu consultes, et n'entreprends
Grassare penna paginas contaminans	pas de barbouiller de ta plume barbare les doctes pages.
Doctas inepta barbara latinulas.	

Haec. qui malus non audit,
exesto procul.

VII. Dirae in malevolos hujus Bibliothecae prae-dones. ·

Nemini libros, codices, volumina, hujus Bibliothecae ex ea auferendi, extrahendi. aliove asportandi, non Bibliothecario, neque custodibus, scribisque, neque quibusvis aliis cujusvis status ordinis et dignitatis. nisi solis ejus fundatoribus. facultas esto. Si quis secus fecerit, libros partemve aliquam abstulerit. extraxerit. clepserit. rapueritque. concerpserit. corruperit dolo

Que le mauvais homme qui méprise ces loix. soit mis à la porte.

VII. Ménaces contre tout brigandage malveillant.

Personne, ni le bibliothécaire. ni les conservateurs. ni les scribes, ni personne autre. de quelque état. rang ou dignité qu'il soit. les fondateurs seuls exceptés, n'aura le droit d'enlever. de retirer ou d'emporter ailleurs des livres, manuscrits ou volumes de cette bibliothèque. Quiconque en agira autrement et emportera un livre ou la partie d'un livre.

malo. illico a fidelium communione ejectus, maledictus, anathematis vinculo colligatus esto (swego czasu, za odebraniem Brevis Pontificii dodaje się) à quo praeterquam Romano Pontifice Maximo, ne absolvitor.

(Ex legibus Bibliothecae Vaticanae apud Cicarellam in vita Sexti V).

VIII. Bibliotheca suos lectores alloquitur.

Hospes, inhumanum rapiendi
projice morem

ou qui arrachera, volera, déchirera, abimera quelque chose avec intention, que celui-là soit rejeté de la communion des fidèles, maudit et lié par les liens de l'anathème (j'ajoute de ma part en corroboration du bref papal) duquel anathème, personne, si ce n'est le pontife romain, ne pourra l'absoudre.

(Extrait des lois de la bibliothèque Vaticane dans la Vie de Sixte V, par Cicarella).

VIII. La bibliothèque adresse la parole aux lecteurs.

O hôte, rejette loin de toi l'inhumaine habitude du vol.

Quod tibi non fieri vis,
prior ipse cave

Ce que tu ne veux pas qu'on te
fasse, ne le fais pas d'abord toi-
même.

Omnibus aspectus datur, at
male fida rapina
Res est hostilis, plena
latrocinii.

L'aspect de nos trésors est permis à tout le monde;
Mais les emporter est une ac-
tion sans foi; c'est agir en
ennemi, c'est voler sur l'autel.

IX. Gratiarum actio auditoribus facienda.

Valete! spectatissimi Patroni
literarum fautores, Doctores,
Musagetae, studiosi, totaque
benevolorum auditorum corona, ac nobiscum supremo sup-
plicate Numini, ut ex hac in-
geniorum officina, in Ecclesiam

IX. Remercîments à adresser aux auditeurs.

En vous disant adieu, pa-
trons de haut lieu, protecteurs
des lettres, docteurs, musagètes,
gens studieux et tout le cercle
des auditeurs bienveillants, je
vous engage de supplier avec
nous l'Etre suprême pour qu'il

pariter et Rempublicam producere dignetur homines optimis litteris excultissimos, veraque sive Ecclesiae sive Reipublicae praesidia et dulcia decora. Vestram hanc benevolentiam gratissimis excepturi sumus animis, nec unquam eam debitis afficere laudibus, et quantis poterunt prosequi officiis, desistent

daigne produire de cette officine intellectuelle, des hommes versés dans les meilleures études et aptes à devenir de vrais appuis et d'agréables ornements tant pour l'église que pour l'état. Votre bienveillance sera toujours appreciée par nous avec gratitude et ne cessera jamais d'être recherchée et chantée avec louanges

Musae Varsavienses.

Valete,

iterum valete

et

plaudite!

par

les Muses de Varsovie.

Adieu encore une fois,

et

applaudissez!

Nous nous sommes arrêtés au feuillet de titre de la Bibliographia Zalusciana. La préface qui suit, est signée par l'excellent bibliothécaire Janotzki, l'alter ego littéraire de son mécène Zaluski, qui avait appris de lui un peu de grec et qui l'avait fait entrer dans sa bibliothèque, comme Henri IV entra dans Paris, au prix d'une messe.

L'oeuvre bibliographique que nous avons sous les yeux, nous dit Janotzki, a été imprimée, quatre ans durant, tant bien que mal par différentes presses, soit à Berdiczow, en Ukraine, où le comte Joseph siégea quelque temps en sa qualité d'évêque de Kiew, soit à Varsovie où il fut appelé, après la mort d'Auguste III, pour assister, en sa qualité de sénateur, à l'élection du nouveau roi. Une nouvelle édition plus soignée est promise, et c'est sans doute en vue de ce projet qu'ont été arrangés les fascicles dont nous nous occupons.

On y distingue d'abord, imprimé sur 61 pages in-folio, un beau travail bibliographique dont nous ne connaissions jusqu'à-présent qu'une édition in-4°, publiée par Janotzki sous le titre

Specimen catalogi codicum manuscriptorum bibliothecae Zaluscianae. Dresdae, 1752; mais que l'auteur lui-même cite constamment sous la date de 1748 et également comme in-4°. Le tirage
in-folio, qui du reste ne contient pas un mot de plus que l'autre
édition. est évidemment sorti de la même presse que celle-ci.

La seconde pièce intercalée consiste en 56 pages également in-
folio et contient la biographie du comte Joseph Zaluski. Ces feuilles
sont tirées de l'édition des Vitae episcoporum Kioviensium et
Czernichoviensium. publiée par Friese en 1761, à Varsovie.
Le révérend évêque dit avoir lui-même fourni pour cette édition tous les matériaux imaginables, et cependant il a trouvé
moyen d'y ajouter encore bien des notes marginales et une quantité de feuillets manuscrits, où nous lisons comme quoi son éminence a été reçue membre de la Société Allemande de Leipzic.
par le célèbre Gottsched lui-même, ainsi que de celle de Jéna
et autres.

Le corps de l'ouvrage. auquel on arrive enfin, commence
par un intitulé qui nous promet, comme oeuvre de Janotzki, un

catalogue, par ordre chronologique, de tous les travaux publiés par le fondateur de la bibliothèque, ou qu'il se propose encore de publier.

On penserait que la liste n'en peut pas être excessivement longuè, car, étant né en 1701 et n'ayant mis au jour jusqu'en 1762 qu'une dizaine de livres, quel nombre le révérend évèque pouvait-il s'imaginer d'aller publier encore? Et pourtant cet intitulé est à la tête d'un in-folio formidable composé uniquement de titres d'ouvrages!

Le mot de l'énigme, nous l'avons dit plus haut, est que le comte Joseph s'identifiait à tel point avec sa bibliothèque, que tout ce qui se publiait de son temps et qui touchait, ne fût-ce que par un seul mot, à cette bibliothèque ou à sa personne, entrait aussitôt dans le vaste domaine de la Bibliographia Zalusciana, dont voici les divisions:

1 — 5. Catalogue des travaux de Son Éminence en latin, en polonais, en français, en italien et en allemand.

6) Inscriptions et épitaphes faites par lui et placées dans différentes églises.

Ceux des écrits de Zaluski qui concernent plus ou moins directement la bibliothèque, ont la place d'honneur qui leur est due dans notre petit catalogue; quant aux autres, nous sommes en état d'en donner ici une nomenclature plus complète que les bibliographes polonais n'ont pu le faire jusqu'à présent. En laissant de côté les sermons et autres pièces d'occasion, il nous reste à citer:

A. Écrits en latin:

a) Sous le pseudonyme d'Ant. Barri: ICON exemplaris vitae Benedicti XIII. Accedunt IV ejus brevia apostolica et progenies ill. Ursinorum domus. Varsaviae, typ. sch. piar. 1725, in-4° de 63 pp. — Les pères prédicateurs de Cracovie en ont publié, la même année, un extrait in-8°.

b) ANALECTA historica de sacra caeremonia in die natali Domini, a Romanis pontificibus quotannis usitata, ensis et pilei benedicendi. Varsav. typ. sch. piar. 1726, in-4° de 14 ff.

c) SPECIMEN historiae Polonae criticae constans animadversionibus in historiam Ludovici Poloniae et Hungariae regis (Dantisci) 1733, in-4° de 197 pp. Une partie de la même édition a été émise avec un nouveau feuillet de titre portant: Varsav. 1735.

d) BIBLIOTHECA poetarum Polonorum qui patrio sermone scripserunt. (Varsav. typ. sch. piar.) 1754, in-4° de 100 pp.

e) DUAE EPISTOLAE: altera Em. Cardinalis Quirini ad Jos. And. Comitem Zaluski, altera hujus ad illum. Varsav. 1749, in-fol. de 12 et 14 pp.

Quirini, chef de la bibliothèque du Vatican, venait de faire don à celle de Zaluski d'une collection complète de ses ouvrages, en exemplaires magnifiquement reliés. Les deux lettres traitent des affaires littéraires de la Pologne. Zaluski expose, entr'autre, les raisons pourquoi plusieurs ouvrages qu'on lui attribue, n'ont pas encore vu le jour. Mais nous voyons dans la

Bibliographia Zalusciana qu'il confondait constamment lui-même ses ouvrages réels avec ses projets d'ouvrages.

f) GENEALOGICA TABULA comitum Junossitarum Tabasc-Zaluscioruin. Varsav. typ. Soc. Jes. 3 ff. in-fol. patente.

g) ANECDOTA quaedam singularia Jablonoviorum domus. Varsav. typ. sch. piar. 1755, in-4° de 643 et 58 pp.

h) MANUALE juris publici Poloniae in statu reipublicae acephalo etc. pro usu privato collectum. Varsav. Mitzler, 1764, in-8°.

La traduction de Duclos: Manuel du droit et des usages publics de Pologne pendant l'interrègne. Varsovie, Mitzler. 1764, in-12°, est citée à la page 293, № 186 de la Bibliogr. Zalusk.

B. Écrits en polonais.

a) DWA MIECZE etc. (Deux épées tirées contre les dissidents de Pologne). Varsav. typ. sch. piar. 1731, 2 parties en un vol. in-4° de 437 pp. et 17 ff.

Quelques exemplaires ont paru sous le pseudonyme anagrammatique de Cephasus Zelosivius.

b) DWA SECRETA etc. (i. e. duo Arcana I. De curatione hominum in variis morbis. II. De sanatione jumentorum ocasione luis pecorum epidemicae in Polonia his temporibus grassantis). Varsav. typ. sch. piar. 1746. 10 ff.

L'auteur n'est désigné que par les initiales J. Z. R. K. Il a tiré ces traités de la Siris de G. Berkley et d'un édict de l'Électeur de Saxe. Quatre autres éditions en ont paru à Lemberg, à Lublin (celle-cisant indication du lieu), puis à Cracovie en 1747 et à Königsberg en 1748.

c) SECRET wielu experyencyami etc. (i. e. Arcanum pro calculo laborantium sanatione a Domicella Stephens decreto parlamenti Anglicani pretio quinque millium librarum (192,533 florenorum Polonicalium redemptum, à Davide Hartley medico publico communicatum). Varsav. typ. sch. piar. (1748) 4 ff. Anonyme.

d) APTEKA dla tych co iey niemaią etc. (l'École de Salerne traduite en vers polonais avec le texte latin en regard). Varsav. typ. S. Jes. 1750, in-4° de 139 pp. Anonyme, avec les initiales J. Z. R. K.

e) SATYRY III nowe starego poety etc. (Traduction, en vers polonais, de trois satires de Boileau-Despréaux contre les gens d'église, contre tout le genre humain et contre les méchantes femmes). (Varsovie, Collège des Jés. 1753) in-4° de 87 pp. Anonyme.

Tiré à très-peu d'exemplaires. Une 4e satire a été imprimée à part, ibid. 1754. Mitzler (Warschauer Bibliothek p. 250) rapporte que ces satires, quoiqu'empruntées à un autre pays, ont suscité beaucoup d'inimitiés à Zaluski.

f) LUDZKOŚĆ litująca sie czyli obraz nędzy ludzkiej, tragicomedja w 5 aktach. Varsav. Mitzler, 1768 in-8°. Réimprimé en 1795.

g) PRZYPADKI niektóre J. W. J. X. Jósefa Zaluskiego które mu się w niewoli Moskiewskièj 6-letniej trafily (s. l.) 1773, in-8°.

7) Ouvrages d'autrui qu'il a publiés.

8) Oeuvres polonaises de son oncle André-Chrysostome Zaluski, évêque de Warmie.

9) Écrits qu'on lui attribue à tort.

10) Livres qui se publient par son conseil et avec son appui.

Ces quatre divisions ne contiennent pas moins de 110 ouvrages. Nous nous bornerons à citer deux publications importantes qui auraient dû se trouver dans cette catégorie, mais que Zaluski a rangées simplement au nombre de ses propres oeuvres: ce sont les Opera omnia Pauli Comitis Potócki quae anecdota ex sua Bibliotheca jam nunc publica et cuivis patente edidit Jos. Andr. comes Zaluski. Varsav. typ. Soc. J. 1748, in-fol. de 345 pp. (On sait que cette édition ne contient cependant pas toutes les oeuvres de

Potocki) — et le Z b i o r R y t m o w (i. e Collectio carminum a poetis et poetriis viventibus vel hoc saeculo emortuis elucubratorum in unum conglobata a J. Z. R. R. Varsav. typ. sch. piar. 1752 — 1756, 5 vol. in-4°. Le 1er vol. contient les poésies d'Elisabeth Druzback, le 2e et le 3e les poésies de Zaluski lui-même, le 4e et 5e celles de Minasowicz.

11) Ses ouvrages perdus.

Sous cette dénomination, il faut entendre deux manuscrits que Zaluski aurait voulu publier, s'ils n'avaient pas été soustraits de sa bibliothèque. C'étaient: 1°, la réfutation de l'examen de la religion de St.-Évremont, par le Jésuite J. Poszakowsci, et 2°, l'unique copie de Starovolscius, de rebus gestis Sigismundi I. Ce dernier manuscrit fut cependant restitué et publié ensuite dans le 2e tome de la Collect. Script. hist. Poloniae de Mitzler.

12) Livres qu'il va faire paraître avant tous les autres.

Au nombre de ces ouvrages se distinguent les poésies latines de M. C. Sarbievius (dont Zaluski avait découvert plusieurs pièces inédites), d'Alb. Ines et de Seb. Fab. Acernus (vulgo Klonowic). C'étaient, dans le langage du temps, l'Horace sarmate, le Martial lithuanien et l'Ovide slave.

13) Poésies et félicitations qui lui sont adressées.

14) Série alphabétique d'extraits de différents auteurs de ce temps qui ont fait mention de Son Éminence.

L'epicitharisma des écrivains dédicateurs et gratulateurs commence modestement par un tableau de la distribution systématique de la bibliothèque: Status praesens bibliothecae publicae Zaluscianae, du Jésuite Albertrandi, qui fut quelque temps conservateur de la bibliothèque avec Kantzler et Janotzki. Ce tableau, dit le dernier, peut être imprimé un jour à la tête du catalogue universel, pour l'information des chefs futurs de notre bibliothèque.

Ce qui suit, 348 morceaux, à l'exception des compliménts des collégiens, qui ne comptent que par bandes, n'est qu'un feu croisé d'éloges hyperboliques. Choisissons y au hazard:

№ LXXXIV. Magny (Const.), second chef de la bibliothèque de Dresde, fournit cette épigramme:

> Si tu veux, comme on dit, former pour le public
> Une bibliothèque et nombreuse et parfaite,
> Prends du référendaire et le cœur et la tête,
> Aux rayons d'Appollon mets-les en alambic,
> Du tout tirant la quintessence
> En tout genre, à coup sûr, d'étude et de science
> Ton projet tu verras accompli ric à ric.

D'autres pièces sont beaucoup plus significatives, comme par exemple l'épître de M. de St.-Leu, lieutenant-colonel de l'armée lithuanienne (№ CLV), qui finit par ces vers:

> C'est pour la Pologne un funeste malheur
> Que Vous soyez de Kiew pasteur.
> Votre patrie avec sagesse,
> Faisant usage enfin de sa sublime loy,
> Connoissant Vos vertus, Vous choisiroit pour Roy.

Le révérend évêque a corrigé de sa main Sarmatie au lieu de Pologne, et l'Ukraine au lieu de Kiew. Sur l'épître originale il avait écrit, comme le fit un pape en semblable occasion: Tu mi aduli ma tu mi piaci.

Mais ce charivari de flatteries ne couvre pas entièrement les fausses notes qui se faisaient entendre autour du noble bibliophile. Les détracteurs ne lui firent pas défaut, témoin la fable du cygne et des canards sauvages (par un français anonyme, imprimée sans lieu ni date, in-8°, et citée p. 171), qui prend sa défense, et l'opinion exprimée par l'abbé Aubry dans ses Considérations sur l'état de la littérature en Europe (Paris, 1762). En louant, comme il le mérite, le zèle des comtes de Zaluski, Aubry ajoute: „Ailleurs les sciences manquent de protection, ici les Mécènes cherchent des sujets."

Zaluski lui-même a laissé huit satires (v. pag. 385. 629) contre les moeurs incongrues des polonais de son temps, qui ne devaient être publiées qu'après sa mort. Ces satires, nous ne les avons pas recherchées. A quoi bon réveiller les haines enterrées. Félicitons-nous de vivre dans un temps où l'on peut rendre justice à qui de droit, sans se préoccuper de petites antipathies.

15) Série des gens érudits de tout genre qui lui sont personnellement connus.

16) Chapitre du diocèse de Jitomir-Kiew.

17) Consécrations d'églises.

18) Consécrations d'évêques et bénédictions d'abbés.

Pour ces trois sections, il nous a été impossible, avec la meilleure volonté du monde, d'y découvrir le moindre rapport bibliographique. On n'y rencontre pas un seul titre de livre.

19) Liste d'ouvrages qui ont été imprimés à Berdiczow avec l'approbation de Zaluski.

Ce sont quelques petits traités ascétiques.

La dernière partie de la Bibliographia Zalusciana porte le titre spécial de Bibliotheca Zalusciana et présente le catalogue des travaux littéraires de toute la famille de ce nom. C'est un millier de livres, imprimés ou manuscrits, qu'on avait eu soin de mettre dans des armoires séparées. Leur chiffre élevé ne peut nous étonner, d'après ce que nous savons déjà. En effet, l'exposé détaillé du titre de cette collection est tel*), qu'on ne peut le résumer mieux qu'en disant: Ouvrages faits par les Zaluski et — par quelques autres personnes. Cependant l'esprit organisateur de Zaluski et le profond tact bibliographique, si l'on peut s'exprimer ainsi, de Janotzki ne se démentent pas même à cette occasion. La collection vaut infiniment mieux que le titre, l'incongruité de l'intention y étant effacée par le bon sens de l'exécution. Si d'un côté, on a fait entrer dans cette bibliothèque de famille des choses disparates autant que futiles, de simples exercices de plume, des copies et des extraits peu intéressants, jusqu'à des thèmes latins (lesquels hélas! ont peu profité à Son Éminence, dont la latinité est

____

*) Bibliotheca Zalusciana in peculiari pluteo seposita. Catalogus librorum impressorum, vel a Zalusciis elucu-bratorum, vel ab iis editorum, seu iis dicatorum, seu eorum sumptu evulgatorum. Syllabus mss. ab iis elaboratorum seu descriptorum, singulis articulis ordine alphabetico dispositis, 1766.

restée toujours chancellante), on y a mis. de l'autre côté. bien
des choses incompatibles avec l'énoncé du titre de la collection. mais que l'on est fort content d'y trouver. et il y a
tels groupes bibliographiques créés ici. que nous ne pourrons
nous dispenser de copier en entier, pour notre propre instruction. Distinguons d'abord la Bibliotheca Zalusciana impressa
de la Bibliotheca Zalusciana manuscripta. La première
se divise en Volumina et Chartophylacia, c. à. d. en rangées de volumes et de cartons remplis de petites brochures ou
de feuilles volantes. Chartophylacium ou tabellarium est le nom
qu'on donnait à ce que nous appellons des archives. mais ici il
s'agit de feuilles imprimées. On avait un chartophylacium in-folio.
un autre in-4° et un troisième pour les petits formats. Le contenu était subdivisé en pièces latines. pièces polonaises et pièces
en langues étrangères. Où l'abondance des matières l'exigeait.
on avait établi quelque subdivision encore plus spéciale de
pièces ayant trait à tel ou tel membre de la famille. Les volumes
étaient rangés de même, et le catalogue que nous avons devant

nous, suit exactement cette disposition. C'est donc une espèce d'inventaire où l'on retrouve, en abrégé, les titres de la plupart des livres décrits dans la première partie de la Bibliographia Zalusciana.

Ce qui nous intéresse davantage est le catalogue de la Bibliotheca Zalusciana manuscripta. Il est systématique à un dégré raisonnable, et très instructif, quoiqu'il abonde d'opera affecta sive promissa (d'oeuvres qu'on se propose de faire ou qu'on a commencées seulement), abus que Zaluski s'efforce en vain de justifier par l'exemple de Trithemius, Sigibertus, Honorius et même de Gennadius et de St.-Jérôme.

Des 31 sections de ce catalogue, nous choisissons, pour les reproduire ici, la 9e et la 29e. La première nous regarde avant tout: c'est le catalogue des catalogues. L'autre comprend les corbeaux blancs de Zaluski, ses codices albis corvis rariores, ses phoenices librorum qu'il avait l'habitude de marquer d'une infinité d'astériques et qu'il confondait, tout imprimés qu'ils sont, avec ses manuscrits les plus précieux.

"Catalogues de ma bibliothèque."

1) Table alphabétique des noms d'auteurs tirés des anciens catalogues de ma bibliothèque, jusqu'en 1734. 4 vol. in-4°.

2) Table alphabétique de la bibliothèque des écrivains polonais.
silésiens, poméraniens, livoniens et courlandais. avec indications
biographiques et littéraires; in-fol.

3) Bibliotheca historico-polona, contenant les historiens polonais
divisés en certaines classes, à l'instar du Schediasma historiae
de J. Hoppius.

4) Catalogue alphabétique des écrivains polonais qui ont écrit en
polonais. Ce catalogue. dressé par mon amanuensis Gutowski,
en 1731. in-4°. n'est plus d'aucun usage. puisque j'en ai écrit
un moi-même. beaucoup plus complet, en 1738. Le sien est
copié sur des tableaux d'après le vers: Quis. quid. ubi. quibus auxiliis. quot, quomodo, quando.

5) Cent inscriptions pour ma bibliothèque. partie en style lapidaire. partie en vers. 1746: in-4°. Prêt pour l'impression.

On avait l'intention de placer ces inscriptions dans différents endroits de là bibliothèque, et elles devaient être imprimées dans la Bibliographia Zalusciana, mais elles ne s'y trouvent point.

6)   a) Catalogue alphabétique des auteurs polonais, prussiens, poméraniens, silésiens, livoniens et courlandais qui ont écrit en latin ou en polonais.

b) Catalogue pareil des auteurs allemands.

7)   Catalogue de petits ouvrages et de traités divers, écrits par des polonais et rassemblés par classes, d'après l'ordre des chartophylacia; in-4°.

8)   Catalogue alphabétique des écrivains polonais de ma collection, écrit en 1730 par Gutowski (actuellement secrétaire de la province polonaise de l'ordre des Citaux).

9)   Nomenclateur des écrivains polonais, indiquant les ouvrages où l'on peut trouver des notices sur les auteurs polonais, prussiens, lithuaniens, silésiens, livoniens et courlandais. 1752, in-fol.

10) Table de ce nomenclateur mise en meilleur ordre; in-4° de 273 pp. L'un et l'autre ont un double alphabet, savoir des écrivains polonais et des auteurs d'autres pays qui ont écrit sur la Pologne.

11) Liste des publications des pères Jésuites de Lithuanie depuis 1608. 1728 in-4°. Tous les articles de cette liste sont du reste entrés dans mon catalogue général des écrivains polonais.

12) Continuation de la Bibliotheca bibliothecarum de Labbe et du catalogue d'Ant. Teisser; in-4°.

13) Catalogue de ma bibliothèque en 1737. 7 vol. in-4°.

I. Ouvrages polonais. II. Ouvrages latins écrits par les nôtres (c. à d. y compris les Prussiens etc.) III. IV. V. VI. Autres ouvrages latins. VII. Livres français. — Chaque division est rangée par ordre de matières.

14) Table alphabétique de mon ancien catalogue systématique. 1732, in-4°. — Hors d'usage.

15) Conspectus Bibliothecae Zaluscianae, écrit par Albertrandi (autrefois mon bibliothécaire, actuellement théologue du Primat de Pologne), avec des ff. blancs intercalés et plusieurs additions.

Nous en avons parlé plus haut.

16) Catalogus realis, contenant les livres usuels de ma bibliothèque énumérés par ordre alphabétique des matières. 1750. in-8° de 289 pp.

17) Catalogus nominalis, contenant les livres latins, français et italiens, ainsi que les ouvrages à gravures, en toutes langues, par ordre alphabétique général. 2 vol. in-4°.

18) Mon catalogue alphabétique des ouvrages sur l'histoire littéraire. 1736, in-12°.

19) Catalogue des livres allemands (à l'exception des homélies, drames et romans) par ordre alphabétique, in-4°. — Inscrit dans le catalogue général de Th. Georgi, chaque article en son endroit.

20) Catalogue des livres anglais. Inscrit dans le catalogue des imprimés de la Bodleiana. de Th. Hyde, édition augmentée par R. Fysher. Lond. 1738, in-fol.

21) Catalogue des livres hollandais. Inscrit dans J. van Abkoude Naam-Register vande Nederlandsche Scrivers. Leide. 1754 — 1756, 6 vol. in-4°.

22) Catalogue des livres espagnols et portugais. Inscrit dans N. Antonii bibliotheca Hispaniae nova, in-fol.

23) Catalogue des livres orientaux etc. J'ai destiné à ce catalogue les ff. blancs du catalogue de Bohmius; in-4° de 184 pp.

24) Catalogue des romans, histoires fabuleuses. joyeusetés, facéties etc. par ordre alphabétique dans chaque langue. in-4°. Annéxé à mon catalogue in-fol. des livres usuels.

25). Table alphabétique des synodes tant provinciaux que diocésains.

26) Catalogue des livres usuels du petit musée, comme de la bibliothèque publique. par langues et alphabétique; in-4°.

27) Le même plus exactement arrangé; in-fol.

28) Triple liste de catalogues: 1) catalogues de foires, 2) catalogues d'officines, 3) catalogues d'enchères; in-4°, avec un appendice contenant l'énumeration des catalogues de bibliothèques publiques.

29) Catalogue de petits livres et traités divers en langues étrangères. divisés en classes comme les chartophylacia; in-4°.

30) Catalogue des livres défendus, douteux et suspects; par ordre alphabétique dans chaque langue.

31) Triple alphabet de livres à acheter pour la bibliothèque: 1) livres latins à faire venir d'Allemagne; 2) livres allemands; 3) livres à faire venir des Pays-Bas; 4) livres français; 5) livres latins à faire venir d'Italie; 6) livres italiens avec un appendice de livres anglais, espagnols etc. 1748, in-4°.

32) Item, un autre petit tome in-8°, par ordre alphabétique des auteurs.

33) Catalogue des livres doubles de ma bibliothèque. d'abord par ordre des facultés et des langues, puis par ordre alphabétique.

34) Catalogue de sermons et discours. par ordre alphabétique et par langues.

35) Catalogue de pièces dramatiques en toutes langues, par ordre alphabétique dans chaque langue.

36) Extraits que j'ai faits du catalogue des livres de Voyer d'Argenson de Paulmy. envoyé extraordinaire de France en Pologne. 1760, in-4°.

37) Résumé du livre qui a pour titre: Christ. Matthiae. theatrum historicum theoretico-practicum, de IV. monarchiis in epitomen redactum usque ad Caes. Leopoldum. 1725, in-4°.

38) Table alphabétique de matières tirées des auteurs latins de ma bibliothèque. 1734, in-4° de 169 pages. ne contenant que la lettre A.

39) Catalogues divers que j'ai rassemblés et mis en ordre. de 1730 à 1760.

40) Compte général de la vente des livres français doubles de la Bibl. Zaluskienne. 1762, par Mr. Friese. fol.

41) Liste des disputations qui ont eu lieu dans ma bibliothèque. par ordre alphabétique des matières; in-fol.

42) Catalogue de ma bibliothèque écrit par moi à Rome. 2 vol. pet. in-fol.

43) Catalogue des livres français de ma bibliothèque, par ordre des matières, écrit en 1732; in-4°.

44) Inventaire de ma bibliothèque de Lunéville en Lorraine. 1742. in-fol.

„Cette bibliothèque est enfin transportée à Varsovie et réunie à celle que j'y avais rassemblée de 1723 à 1742 et qui était placée d'abord dans le couvent des Carmélites déchaussés. puis dans la salle haute du palais de Mariampol. Le nombre des volumes de la bibliothèque de Lunéville s'élève à 3.441; ils furent transportés en 84 grandes caisses par mer, à Dantzig et de là, par la Vistule, à Varsovie. J'ai opéré des transports semblables pour mes livres acquis de 1720 à 1723. puis de 1737 à 1741 et en 1756 à Paris, de 1734 à 1736 à Rome. en 1741 à Londres et de 1739 à 1741 à Amsterdam. et toutes ces acquisitions sont également incorporées dans notre bibliothèque Varsovienne.

Procul et de ultimis finibus pretium ejus.‟

„Les corbeaux blancs“ de Zaluski.

1) Starovolscii historia Sigismundi I. Cracoviae, 1616, in-4°.
Il a été question de cet ouvrage rare à la section XI.

2) Damalevicii (Steph.) vitae archiepiscoporum Gnesnensium.

3) Ejusdem vitae episcoporum Vladislaviensium.

4) Serobissevii (Jac.) vitae archiepiscoporum Haliciensium et Leopoliensium.

5) Treteri (Joh.) et Plastwigii (Matth.) vitae episcoporum Varmiensium.

6) Kojalovicii (Soc. Jes.) miscellanea ad statum ecclesiasticum Lithuaniae spectantia.

7) Ejusdem fasti Radzivillani, gesta hujus domus continentes. Vilnae. typ. Soc. Jes. 1653, in-4° de 112 pp. — Seul exemplaire connu.

8) Crassini (Joh. Krasinski) Polonia. Bononiae, Bonard. 1574, in-120. On n'en connait que trois exemplaires, dont le premier se trouve dans la bibliotheca Casanatensis, à Rome; le second appartient aux héritiers du comte Krasinski; le troisième est à moi. Je l'ai fait réimprimer dans la collection de Mitzler.

9) Okolski (Sim.) Russia florida.

10) Zimorovicii viri illustres Leopoliensis.

11) Lipski (Joh.) Vita Sigismundi I regis Poloniae.

12) Ustricii Sobiescias poema de Johanne III rege. Venet. 1686, in-4°. Réimprimé dans la Suada Latina d'Ostrowski, tom. I, part. V. pag. 27.

13) Paprocki (Barth.) opera omnia. 5 vol. in-fol.

14) Strykowski (Matth.) Chronicon Lithuaniae, polonico idiomate. La plus rare de toutes les chroniques, presque introuvable. Elle est réimprimée, d'après mon exemplaire, dans la collection de Mitzler.

15) Bursii (Ad.) dialectica Ciceronis. In-4°.

16) Rescii (Stan.) Epistolarum vol. I et II.

17) Guilandini (Melch.) Prussi opuscula.

18) Henrici (Nicolai) Prussi opuscula.

19) Stalichii (Pauli) Croati, domini Creutzburgensis in Prussia, opuscula.

20) Bellarmini (Robert. Cardinal.) V opuscula ascetica polonice versa." —

Il ne nous resterait qu'un mot à dire encore de la Magna bibliotheca polona universalis que les bibliographes polonais citent comme le travail littéraire le plus important de Zaluski, travail manuscrit encore, entrepris d'après le modèle de la Bibliothèque française de Le-Long, et remplissant dix volumes in folio. Ce manuscrit n'étant pas parvenu à la bibliothèque impériale publique, nous ignorons s'il existe encore aujourd'hui.

R. Minzloff.

A. Publications du temps de Zaluski.

PROGRAMMA LITTERARIUM ad bibliophilos, typothetas
et bibliopegos, tam et quosvis liberalium artium amatores
JMci X. Jozefa Zaluskiego Referendarza Kor. Opáta
Hebd. publikowáne. Roku 1732 2. Jan. In-4° de 56 pp.

2. J. A. ZALUSKII PROGRAMMA LITTERARIUM
ob exemplarium raritatem multifariamque eruditionem ex polonico in latinum
sermonem translatum recudi ac historiam litterar. Poloniae, Lithuaniae,
Prussiae et Curoniae illustrari curavit G. P. Schulz doct. & prof. Thor.
Dantisci, 1743, apud G. M. Knoch. In-4° de 78 pp. et 7 ff. limin.

3. PROJET D'ASSOCIATION de plusieurs personnes amateurs de
belles lettres et curieuses d'avoir dans la nouveauté toutes sortes d'écrits pé-
riodiques et de nouveaux livres curieux qui paraissent dans les pays
étrangers; donné par S. Ex. Mgr. l'Abbé Comte de Zaluski Référendaire
de la couronne de Pologne. Le 2 Janvier 1744. In-4° de 4 ff. Texte
français et polonais.

4. CONSPECTUS novae collectionis legum ecclesiasticarum Poloniae (titulo Synodicon Poloniae orthodoxae) tum et aliae collectionis scriptorum ecclesiasticorum Poloniae ineditorum &c quarum impressionem per modum praenumerationis &c faciendam proponit orbi litterario earum collector J. A. Comes in Zaluskie Zaluski etc. Varsaviae in typogr. regia etc. 1744 15 Sept. In-4° de 79 pp.

A côté d'un exemplaire splendide de ce conspectus, la bibliothèque en conserve un autre enrichi de notes marginales de la main de Zaluski.

5. Z. WARSZAWY d. 28 Decembris 1746. In-4° de 4 pp.

Feuillet d'annonce concernant l'inauguration et l'ouverture de la bibliothèque.

6. CHLADENIUS (Ern. Mart.). Bibliothecae Zaluscianae dedicationem ipsa die Augusto in fastis sacra celebrandam Sarmatiae quo par est animi cultu gratulatur. Vitembergae ex off. Schlomachiana. 1747, in-4° de 34 pp.

7. ————— Gentis Zalusciae oracula rei literariae auspicatissima recensuit et orationem Varsaviae in certamine literario recitatam inseruit. Vitemb. Schlomach. 1747, in-4° de 46 pp.

Exemplaire de dédication offert au Cte Zaluski et accompagné d'une lettre de l'auteur.

8. RADLINSKI (Jac. Paul.). Corona urbis et orbis, gloria et gemma Regni Poloniae, universitas scientiarum, publica amplissima et celeberrima

Bibliotheca Zalusciana, ab imis fundamentis usque ad culmen sermone ligato erecta et variis symbolis &c illustrata. A. D. 1748, Cracoviae. Dyaszewski, in-4° de 188 pp. et 11 ff. non chiffrés y compris une gravure qui représente l'aigle royal de Pologne et l'agneau de l'écusson des Zaluski planant entre deux armoires de la bibliothèque.

Exemplaire de présent offert par le comte Zaluski au jésuite Bieganski, confesseur de la reine.

L'auteur a pris soin de célèbrer en vers latins toutes les parties de la bibliothèque, jusqu'aux portes et aux fenêtres, inspiré comme il était par la reconnaissance et la joie d'y avoir rencontré un livre introuvable, „Stanislaus de Lowicz de immaculata conceptione S. Virginis."

9. JANOZKI (Joh. Dan.). Nachricht von denen in der Hochgräflich Zaluskischen Bibliothek sich befindenden raren polnischen Büchern. Dresden, Walther, 1747—1753, 5 parties en 2 vol. in-8° de 112, 120, 96 et 228 pp. chiff., avec les portraits des deux comtes Zaluski.

10. ‗‗‗‗ Specimen catalogi codicum manuscriptorum Bibliothecae Zaluscianae a J. D. A. Janozki canonico Scarbimiriensi ejusdemque Bibliothecae praefecto exhibitum, jussu et sumptu optimi et munificentissimi principis episcopi Cracoviensis etc. etc. 1752, in-4° de 175 pp.

Orné des mêmes portraits et de la façade de la première bibliothèque figurée sur le titre. Exemplaire sur papier de Hollande.

Ces deux ouvrages du savant et zélé bibliothécaire des comtes Zaluski ont le plus contribué à rendre leur bibliothèque célèbre, et tous ceux qui, aujourd'hui ou à l'avenir, veulent connaître à fond la bibliothèque Impériale, devraient commencer par étudier les travaux de Janozki.

11. CATALOGUS librorum duplicatorum magna ex parte rariorum Bibliothecae publicae Varsaviensis, quorum auctio fiet die XX mensis Octobris anni praesentis in emolumentum Ecclesiae et Nosocomii Tarczynensis nec non Seminarii Zytomiriensis. Varsaviae ex typogr. Mitzleriana, 1760, pet. in-8⁰ de 170 pp. avec trois appendices, dont le premier de 40 pp. chiffrées contient les ROMANS FRANÇOIS, le deuxième de 25 ff. non chiffrés LIBROS ITALICOS, le troisième de 40 pp. chiffrées LIBROS ANGLICOS.

12. INFORMACYA o fundacyi. Bibliotheki J. W. Jmci Xiedza Josefa Jendrzeia Zaluskiego Biskupa Kijowskiego. Roku 1761, in-4⁰ de 6 ff.

13. NACHRICHT von der von S. Exc. dem Erl. H. H. Joseph Andreas Grafen in Zaluskie Zaluski Bischofen von Kiew gemachten Stiftung der öffentlichen Warschauer Bibliothek. 1761, in-4° de 19 pp.

L'auteur de la notice est Zaluski lui-même. La traduction allemande est de Friese, auteur des „Vitae Episcoporum Kioviensium.“

14. HULSEN (Joan.), Palatinus Minscensis. Elogium in Bibliothecam Zaluscianam. (1761) in-fol. patente.

15. CATALOGUS librorum duplicatorum Bibliothecae Publicae Za-

luscianae qui lege auctionis divendentur Varsaviae 1762 mense ..... die ....
Pet. in-8° de 47 pp.

16. CATALOGUS librorum duplicatorum Bibliothecae Publicae Zaluscianae qui proximis mensibus auctionis lege divendentur. (1765) pet.
in-8° de 71 pp.

17. BIBLIOGRAPHIA ZALUSCIANA. 1763 — 1766, in-fol. Voyez
la préface de ce catalogue.

18. MINASOWICIUS (J. E.). Ad bibliothecam Varsaviensem reduce suo
conditore anno R. S. 1773, Josepho Epiphanio Minasowicio Kioviensi Ca-
thedrali Canonico, S. R. M. secretario canente. In-4° de 2 ff.

19. DURINI (Angelus Maria) flos ille poetarum, Ancyranus Archiepisco-
pus, Theseum suum Josephum Zaluscium musagetam Episc. Kiov. &c Diis
patriis Sarmatioque coelo redonandum, elegis illis, pectore nobilissimo ar-
dentissimoque profusis, compellat. Ticini, idibus Februariis 1778, 1 feuillet
in-4°.

20. AMBROGI (Ant.). A Sua Excellenza Illust. Monsignor Conte Giu-
seppe Zaluski Vescovo di Kiovia, nell avere consegnata alla cura de P. P.
della Compagnia di Gesu la nobile libreria Zaluskiana, al publico uso in-
stituita, versi sciolti di Ant. Ambrogi della Comp. di Gesu, maestro di
rettorica nel Collegio Romano. Sans lieu ni date, in-fol. de 2 ff.

21. CATALOGUS omnis generis librorum duplicatorum qui ex Zalusci-

ana Varsoviensi reipublicae Bibliotheca, ubi minus necessarii atque utiles sunt, auctionis jure ac praesente pecunia aliorum usibus concedentur per MICH. GRÖLL, reg. auct. privil. Auctio fiet Varsaviae in conclavi majore ejusdem bibliothecae die I et seq. VIII^{bris} 1781, hor. promerid II. VII. Libri quovis die distrahendi ab hora X ad XII auctionis diebus perlustrandi exponentur. Varsaviae, 1781, in-8° de 168 pp.

B. Publications du temps d'Olénin.

22. ОТЧЕТЫ въ управленіи И. П. Библіотекою за 1808 — 1817 годы. (Comptes-rendus de la bibliothèque présentés au ministre de l'instruction publique par le directeur Olénin). St.-Pétersbourg, imprim. du théatre, 1813 — 1818, 5 vol. in-8° de 78, 62, 41, 75 et 154 pp.

Dans le cours de son premier lustre, auquel se rapportent ces comptes-rendus, la bibliothèque célébrait l'anniversaire du jour de son inauguration (2 Janvier 1812) par une séance publique où, après une allocution du directeur et la lecture du dernier compte-rendu, on tenait quelques discours d'occasion. (Voyez les numéros 27 et 31 de cette collection). Aussi les premiers comptes-rendus sont-ils accompagnés du „Journal de la séance solenelle", ainsi que de plusieurs tableaux statistiques qui donnent une idée de la composition et des premiers travaux de la bibliothèque.

23. ОПЫТЪ новаго библіографическаго порядка для С. Пет. Имп. Библіотеки etc.

ESSAI sur un nouvel ordre bibliographique pour la bibliothèque Impériale de St.-Pétersbourg présenté par le C. d'. É. A. OLÉNIN et approuvé par le directeur en chef, en 1808. Traduit du russe par l'A. de GRANDIDIER employé à la commission des lois. St-Pétersbourg, impr. du gouvern. 1809, in-4° de 109 pp. et 4 ff. limin. y compris deux titres gravés où l'on voit la façade de l'ancienne bibliothèque de Varsovie et celle de la bibliothèque Impériale. Texte russe et français en regard.

Livre indispensable pour tous les employés de la bibliothèque. En voici le contenu: 1, Précis historique sur la fondation, l'acquisition et l'arrangement de la bibliothèque. 2, Motifs du nouveau système bibliographique. 3, Méthode pour la rédaction des catalogues. 4, Nouveau système bibliographique. 5, Pièces justificatives. Ce système très pratique et sensé, est la base de l'ordre observé aujourd'hui dans notre bibliothèque, et rien n'y a été changé à l'exception de quelques collections spéciales organisées depuis, comme celles des Rossica, des Alde, des Elzevir, des raretés en différents genres exposées dans les vitrines etc. Les bibliothécaires à venir devront également s'en tenir là, pour ne pas courir le risque d'un désordre regrettable.

24. АКТЫ относящіеся до новаго образованія Имп. Библіотеки. s. d. in-4° de 11 pp.

Tirage à part des 3 premières pièces du numéro précédent.

25. АКТЫ относящіеся до новаго образованія Имп. Библіотеки.

> .... Hancce Bibliothecam
> In ornamentum patriae
> Publicam esse voluit:
> Adolescentibus illicium,
> Senibus subsidium,
> Otiosis spectaculum,
> Occupatis diverticulum,
> Studiosis negotium,
> Conditori gloriosum monumentum.

ACTES relatifs à la nouvelle organisation de la bibliothèque Impériale.

VERORDNUNGEN die neue Einrichtung der Kaiserlichen Bibliothek betreffend.

ACTA ad novam formam Bibliothecae Imperialis Petropolitanae spectantia. — St.-Pétersbourg, imprim. du gouvern. 1812, in-8° de 48, 44, 43 et 43 pp.

Ce volume est orné d'une gravure représentant une salle de la bibliothèque où l'Empereur Alexandre I s'entretient avec le directeur Olénin et le ministre de l'instruction publique Cte Razoumowski.

26. ВЫПИСКА изъ Высочайше утвержденнаго начертанія подробныхъ правилъ для управленія Имп. Пуб. Библіотеки. Отдѣл. III о посѣтителяхъ.

EXTRAIT du règlement de la bibliothèque en 4 langues, imprimé en placards.

Reproduit dans le numéro suivant.

27. ОПИСАНІЕ торжественнаго открытія Имп. Пуб. Библіотеки. (Description de l'ouverture solennelle de la bibliothèque Imp. Publ., le 2 Janvier 1814). St.-Pétersbourg, impr. des Théatres Imp. 1814, in - 8° de 206 pp. et 4 ff. prélim.

On trouve dans ce volume, outre la description indiquée, les discours prononcés à cette occasion, ainsi que différentes autres pièces qui s'y rapportent, et une notice historique sur la bibliothèque.

28. ПРАВИЛА, Высочайше утвержденныя, для посѣтителей Имп. Пуб. Библіотеки.

EXTRAIT du règlement (confirmé le 23 Février 1814) pour l'administration de la bibliothèque, Section III: des personnes qui viendront visiter cette bibliothèque. St.-Pétersbourg, F. Dressler, 1814, in - 8° de 36 pp. contenant les versions russe, latine, allemande et française du règlement.

29. СОБРАНІЕ русскихъ дѣеписателей. Томъ II. Лѣтопись по Кенигсбергскому списку. (Collection des chroniqueurs russes). 1814, 2 ff. in-4°.

Specimen d'une publication qui a été réalisée plus tard par la Commission Archéographique. Ces deux feuillets ne contiennent que le commencement de la chronique de Nestor d'après le manuscrit trouvé à Königsberg.

30. ОБЪЯВЛЕНІЕ. Avertissement aux lecteurs de la bibliothèque, contenant quelques règles supplémentaires, en russe, en français et en allemand, sous la date du 1er Novembre 1815. 1 page in-fol.

31. ГРЕЧЪ (Н.). Обозрѣніе русской литературы 1815 и 1816 годовъ, написанное по порученію начальства Имп. Пуб. Библіотеки.

(GRETSCH. N. Discours sur la littérature russe des années 1815 et 1816, prononcé à la séance publique de la bibliothèque). St.-Pétersbourg, impr. de Gretsch, 1817, in-8° de 34 pp.

32. ЧТЕНІЕ посѣтителей Имп. Пуб. Библіотеки въ 1817 году.

(LECTURES des visiteurs de la bibliothèque). St.-Pétersbourg, impr. du théatre, 1818, in-8° de 44 ff.

Tirage à part de l'appendice du dernier compte-rendu où l'on énumère, pour apprécier le choix et le goût des lecteurs, les livres qui avaient été le plus souvent demandés. On ne sait si cette bienveillante inspection du goût public a été du goût du public.

33. ПРАВИЛА для составленія каталоговъ Имп. Пуб. Библіотеки по азбучному порядку.

(RÈGLES d'après lesquelles doivent être dressés les catalogues alpha-béthiques de la bibliothèque). St.-Pétersbourg, impr. des théatres, 1819, in-fol. de 10 ff.

34. КАЛАЙДОВИЧЬ (К.) и СТРОЕВЪ (П.). Обстоятельное описаніе славяно-россійскихъ рукописей, хранящихся въ Москвѣ въ библіотекѣ Графа Ѳ. А. Толстова.

(KALAIDOWITSCH [K.] et STROEFF [P.]. Description détaillée des manuscrits slavéno-russes de la bibliothèque du Comte Th. Tolstoi à Moscou). Moscou, Sélivanowski, 1825, in-8° de LXVII et 811 pp. avec 4 ff. prélim. plus 2 suppléments de 17 et IX, 99 pp. publ. par Stroeff en 1825 et 1827. Portrait lithogr. du comte Tolstoi et 4 planches palé-ographiques offrant 12 exemples d'écritures russes depuis le XI jusqu'au XVIII siècle.

Depuis 1830, cette collection de manuscrits ainsi que celle des vieux imprimés (consignée ici sous le № 35) appartiennent à la bibliothèque Impériale, l'ancien propriétaire les ayant cédées à l'État pour une rente viagère de 10,000 r.

35. СТРОЕВЪ (П.). Обстоятельное описаніе старопечатныхъ книгъ сла-вянскихъ и россійскихъ, хранящихся въ библіотекѣ Графа Ѳ. А. Толстова.

(STROEFF (P.). Description détaillée des vieux imprimés en slavon d'église et en russe, conservés dans la bibliothèque du comte Th. Tolstoi).

Moscou, Sélivanowski, 1829, in-8° de XXIV et 592 pp. avec 11 planches de fac-simile typographiques gravés en cuivre.

Voyez la note précédente.

36. DORN (B.). Über die Aethiopischen Handschriften der öffentlichen K. Bibliothek. St.-Pétersbourg 1837, 9 pp. in-8°.

Extrait du Bulletin scientif. de l'acad. des sciences T. III № 10.

37. MURALT (Ed. de). Catalogus codicum Bibliothecae Imp. Publicae Graecorum. Petropoli, typis academicis, 1840, in-fol. de 10 ff. y compris une planche de fac-simile d'écritures.

C. Publications du temps de Boutourlin.

38. MURALT (Ed. de). Über einige neu aufgefundene Griechische Handschriften der K. Öffentlichen Bibliothek. 1843, in-8°, de 6 pp.

39. GOTTWALDT (J.). Notice d'un manuscrit arabe renfermant une continuation de l'histoire universelle d'Aboulféda, adressée à M. Reinaud, membre de l'institut. Paris, impr. royale, 1847, in-8° de 28 pp.

Extrait du № 14 de l'année 1846 du Journal asiatique.

40. БЕРЕЗИНЪ (И.). Описаніе турецко-татарскихъ рукописей Имп. Пуб. Библіотеки.

(BÉRÉSIN (J.). Description des manuscrits turco-tatares de la bibliothèque Imp.). 1848, in-8° de 24 pp.

Tiré du journal du ministère de l'instruction publique, 1848 № 7.

41. БЫЧКОВЪ (А.). Извѣстіе объ одномъ отрывкѣ старой новгород-
ской рукописи.

(BYTSCHKOFF [A.]. Notice sur un ancien manuscrit de Novgorod,
dont un fragment se conserve à la bibliothèque imp. publ.) 1848, 4 pp.
gr. in-8°.

42. УНДОЛЬСКІЙ (В.). Каталогъ славяно-русскихъ книгъ церковной
печати библіотеки А. И. Кастерина.

(OUNDOLSKI [W.]. Catalogue des livres en slavon d'église de la
bibliothèque d'A. J. Kastérin.) Moscou, impr. de l'université, 1848, in-
16° de XVI et 199 pp.

C'est le catalogue d'une collection qui depuis a été acquise pour la
bibliothèque impériale.

43. MURALT (Ed. de). Beschreibung zweier aus dem achten und
neunten Jahrhunderte herrührenden Handschriften (Tertullians) der K. Öff.
Bibliothek. 1848, in-8° de 4 pp.

44. ________ Notice sur une traduction espagnole de l'évangile
supposé de S. Barnabé, conservée à la bibliothèque imp. publ. 1848,
in-8° de 13 pp.

Extraits du Bulletin de l'académie des sciences de St.-Pétersbourg.

D. Publications du temps du Baron de Korff.

45. ПОЛОЖЕНІЕ для посѣтителей Имп. Пуб. Библіотеки.

VERORDNUNG (Allerhöchst bestätigte) betreffend den Besuch der K. Öff. Bibliothek.

EXTRAIT du règlement concernant les personnes admises à la bibliothèque imp. publ. St.-Pétersbourg, impr. de l'académie imp. 1850, 3 cahiers in-8° de 14 pp. chacun et 3 placards du même contenu.

46. MINZLOFF (R.). Nachricht von der Kaiserlich Öffentlichen Bibliothek zu St.-Pétersbourg. 8 pp. in-8°.

Extrait du Journal allem. de St.-Pétersbourg, 1850 № 125.

Reproduit dans le Sérapéum 1850, 15 Novembre.

Traduit en russe dans l'Abeille du Nord, 1851 № 161.

47. ________ Der Dubletten-Verkauf der K. Öff. Bibliothek. 4 pp. in-8°.

Extrait du Journal allem. de St. Pétersbourg, 1850 № 260.

48. ________ Vente des doubles de la bibliothèque imp. publ. 5 pp. in-8°.

Extrait du Journal de St.-Pétersbourg, 28 Nov. 1850.

49. КАТАЛОГЪ дублетовъ Имп. Пуб. Библіотеки.

CATALOGUE des livres doubles de la bibliothèque imp. publ. de

St.-Pétersbourg. Tome I. Section historique. Ouvrages en langues étrangères. St.-Pétersbourg, impr. de la 2ᵉ section de la chancellerie impér.
1850, in-8ʹ de VIII et 350 pp.

Ce catalogue, redigé par le bibliothécaire POPOFF, n'a pas d'autres
tomes, mais il fut suivi de plusieurs autres catalogues de vente,
énumérés plus bas.

50. ОТЧЕТЫ Имп. Пуб. Библіотеки за 1850 — 1859 годы.
(COMPTES-RENDUS de la bibliothèque) St.-Pétersbourg, impr. de
la II section de la chancellerie imp. 1851 — 1860, 3 volumes in-8ʹ
contenant chacun 3 années.

51. COMPTES - RENDUS de la bibliothèque imp. publ. pour les
années 1850 et 1851, présentés par son directeur, M. le conseiller privé
baron de Korff, sécrétaire d'état etc. St.-Pétersbourg, 1851 et 1852, 2
cah. in-8ʹ de 16 et de 8 pp.

Extraits du Journal de St.-Pétersbourg. Du premier de ces comptes-
rendus, reproduit dans le Bulletin du bibliophile belge, T. VIII, il y a
un tirage à part: Bruxelles, Heussner, 1851, in-8° de 15 pages.

52. JAHRESBERICHTE der K. Öff. Bibliothek für die Zeit von
1850 bis 1858. St.-Pétersbourg, 1851 ss. 9 cah. in-8ʹ.

Extraits du Journal allem. de St.-Pétersbourg. Ces comptes-rendus allemands, rédigés par le bibliothécaire Minzloff, ne sont pas seulement de simples abrégés du texte russe.

53. MINZLOFF (R.). Typographische Seltenheiten der K. Öff. Bibliothek. 4 pp. in-8°.

Extrait du Journal allem. de St.-Pétersbourg, 1851 № 84.

54._________Raretés typographiques de la bibliothèque imp. publ. 6 pp. in-8°.

Extrait du Journal de St.-Pétersbourg 1851. 30 Mars.

Il est parlé dans cet article de l'édition Elzevirienne du Pastissier françois, Amsterdam, 1655, in-12ᶜ.

55. PETZHOLDT (J.). Die K. Öff. Bibliothek zu St.-Petersburg und Baron von Korff. Halle, Schmidt, 1851, 4 pp. in-8ᶜ.

Extrait de l'Anzeiger für Bibliographie 1851. -Heft 9.

56. МАТЕРІАЛЫ къ проекту полнаго каталога сочиненій о Россіи.

MATERIALIEN zum Versuche eines Katalogs sämmtlicher über Russland in fremden Sprachen erschienenen Werke. St.-Petersburg, Wienhöber 1851, gr. in-8° de XIV et 346 pp.

57. СПИСКИ ДУБЛЕТАМЪ. (Sept listes d'enchères et de ventes d'ouvrages doubles de la bibliothèque):

1, pour la vente du 28 Janv. 1851, 2 ff. in-fol. lithogr.

2, pour la vente du 25 Fevr. 1851, 3 ff. in-fol. lithogr.

3, pour la vente du 4 Mars 1851, 2 ff. in-fol. lithogr.

4, pour la vente du 4 Mai 1851, 2 ff. gr. in-4°.

5, pour la vente à prix de rabais. 1855, 1 f. in-fol. pat. à 3 col.

6, pour une 2e vente de la même année, 1 f. in-fol. pat. à 3 col.

7. pour la vente à prix de rabais, 1861, 1 f. in-fol. pat. à 3 col.

58. ПРАВИЛА для посѣтителей Имп. Пуб. Библиотеки Высочайше утверждены 1 Дек. 1851. 15 pp. in-8°.

RÈGLEMENT pour les visiteurs de la bibliothèque impériale publique de St.-Pétersbourg, confirmé par S. M. l'Empereur le 1er Dec. 1851. St.-Pétersbourg, Wienhöber, 1852, in-8° de 15 pp.

REGLEMENT (Allerhöchst bestätigtes) für den Besuch der K. Öff. Bibliothek zu St.-Petersburg, vom 1 Dec. 1851. St.-Pétersbourg, imprim. de l'acad. impér. 1852, in-8° de 16 pp.

59. ПУТЕВОДИТЕЛЬ по Имп. Пуб. Библіотекѣ.

(Guide de la bibliothèque imp. publ.) St.-Pétersbourg, imprim. de la II section de la chancellerie imp. 1852, in-16 de 140 pp. et 1 f. limin.

Jolie édition ornée de 14 vues et planches lithographiées.

60. CATALOGUE des manuscrits et xylographes orientaux de la bibliothèque imp. publ. de St.-Pétersbourg. St.-Pétersbourg, imprim. de l'académie imp. 1852. grand in-8° de XLIV et 719 pp. avec 1 f. de rectifications.

Belle édition sur papier vélin avec texte encadré, alphabèts orientaux, fac-simile etc. Ce catalogue a été rédigé par le bibliothécaire DORN.

61. BÉRÉSIN. (J.). "Catalogue des mss. orientaux de la bibliothèque imp. publ." Sans date, in-8° de 16 pp.

Traité, en langue russe, sur l'importance de la publication de ce catalogue des mss. orientaux.

62. BYTSCHKOFF (A.). Über den Ankauf der Sammlung von Alterthümern des Prof. Pogodin von Seiten des Staates. 8 pp. in-8 .

Extrait du Journal allem. de St.-Pétersbourg 1852. № 226.

Le texte russe a été publié dans l'Abeille du Nord 1852 № 198 et dans la Gazette russe de St.-Pétersbourg. 1852 № 199, sous le titre suivant:

О пріобрѣтеніи въ казну древлехранилища Проф. Погодина.

(Sur l'acquisition faite par l'État de la collection du professeur Pogodine).

63. ROSTISLAFF (pseudonyme de Tolstoy). Quelques mots sur la bibliothèque imp. publ. à St.-Pétersbourg, sur sa restauration récente et sur ses trésors scientifiques. 10 pp. in-8°.

Extrait du Journal de St.-Pétersbourg, 1852, 20 Janvier.

64. КОССОВИЧЪ (К.). Извлеченіе изъ отчета etc.

(KOSSOWITSCH (K.). Extrait d'un rapport présenté au directeur de la bibliothèque imp. publ. baron de Korff, concernant les bibliothèques de Londres et de Paris). St.-Pétersbourg, imprim. de l'état-major des écoles militaires, 1852, in-8° de 15 pp.

65. MURALT (Ed.). Notice sur des manuscrits grecs (de la bibliothèque imp. publ.) avec miniatures. St.-Pétersbourg, 1852, in-8° de 3 pp.

Extrait du Bulletin de l'académie imp. des sciences.

66. LISTE d'ouvrages rares et précieux, concernant la Russie et l'ancienne Pologne, qui seront vendus à l'enchère à la bibliothèque imp. publ. dimanche 16 Mars à une heure et les jours suivants depuis 2 heures. St.-Pétersbourg imprim. de l'académie imp. 1852, in-8° de 24 pp.

67. MINZLOFF (R.). Über die Ausstellung von Einbänden und Titelblättern in der Rotunde der K. Öff. Bibliothek. 8 pp. in-8°.

Extrait du Journal allem. de St.-Pétersbourg 1853 № 196.

68. MINZLOFF (R.). Die altdeutschen Handschriften der K. Öff. Bibliothek zu St.-Petersburg. St.-Pétersbourg, imprim. de l'académie imp. et en vente chez Mittler à Berlin, 1853, gr. in-8° de 126 pp. et 1 f. limin. titre en rouge et noir, avec une planche de fac-simile.

69. КОССОВИЧЪ (К.). Евангеліе на Арабскомъ языкѣ.

(KOSSOWITSCH (K.). Un évangéliaire en langue arabe imprimé à Alep, aux frais de Mazeppa, en 1704, et se trouvant à la bibliothèque imp. publ.). 4 pp. in-8°.

Extrait de l'Abeille du Nord 1853, № 178.

70. MINZLOFF (R.). Description des raretés typographiques de la bibliothèque imp. publ. de St.-Pétersbourg. Éditions du XVe siècle. Première série. St.-Pétersbourg 1853, imprim. de l'académie imp. des sciences, gr. in-4° de 5 ff. de texte et 8 ff. de planches chromolithographiques, avec un feuillet de titre orné.

Spécimen d'une édition de luxe qui n'a pas encore paru en entier. De ce spécimen, il n'existe que l'exemplaire de la bibliothèque et un autre, orné d'un frontispice en aquarelle (par Pezoldt), qui a été présenté à feu l'empereur Nicolas.

71. БЫЧКОВЪ (А.). О хранящихся въ Имп. Пуб. Библіотекѣ вѣдомостяхъ 1705, 1706 и 1707 годовъ.

(BYTSCHKOFF (A.). Les exemplaires des gazettes russes de 1705,

1706 et 1707, qui se trouvent à la bibliothèque imp. publ. St.-Péters-
bourg. 1853, in-8° de 19 pp.

Extrait de l'Abeille du Nord. 1853, № 161 et № 162.

72. DORN (B.). Vier Syrische Handschriften der K. Öff. Bibliothek.
18 pp. in-8°.

Extrait du Bulletin hist.-phil. de l'académie des sciences T. XI.
№ 11 St.-Pétersbourg, 1853.

73. —— Ein Nachtrag zu Schnurrers Bibliotheca arabica aus den
Schätzen der K. Öff. Bibliothek zu St.-Petersburg. 1853, 5 pp. in-8°.

74. СПИСОКЪ книгамъ, находящимся на справочномъ столѣ.

(Liste des livres, qui se trouvent dans la salle de lecture, fixés sur
une table à la disposition immédiate des lecteurs.). St.-Pétersbourg, 1853.
Grande page in-fol. obl.

75. CATALOGUE d'une belle collection d'ouvrages, en majeure partie rares et précieux, concernant principalement la Russie et l'ancienne
Pologne, qui seront vendus aux enchères à la bibliothèque imp. publ.
le 4 Mars et les jours suivants. St.-Pétersbourg, impr. de l'académie imp.,
1853, in-8° de 96 et 1 f. de titre imprimé en couleurs.

76. MINZLOFF (R.). Catalogue des éditions Aldines de la bibliothèque imp. publ. St.-Pétersbourg, 1854, in-4° de 57 pp. Lithographié.

77. MINZLOFF (R.). Notice sur une haute rareté typographique. (l'editio princeps de Térence) acquise nouvellement par la bibliothèque imp. publ. 1 f. à 2 colonnes in-4°.

Extrait du Journal de St.-Pétersbourg, 1854, № 414.

78. CATALOGUE d'une belle collection d'ouvrages etc. (comme au № 75) qui seront vendus le 24 Février et les jours suivants. St.-Pétersbourg, imprim. de l'académie imp. 1854, in-8° de 55 pp. et 2 ff. limin. avec un titre imprimé en couleurs.

Ces catalogues de vente ont été rédigés par le bibliothécaire Minzloff.

79. Bibliothèque imp. publ. de St.-Pétersbourg: Tableau comparatif des enchères de 1854 avec les prix de librairie et ceux des ventes précédentes. Imprimé à deux exemplaires. St.-Pétersbourg, 1854, in-4° de 18 pp. et 1 f. contenant le titre.

80. БИБЛІОГРАФИЧЕСКІЕ ОТРЫВКИ. (Fragments bibliographiques). St.-Pétersbourg, 1854 et années suivantes, gr. in 8°.

Voici le contenu des diverses livraisons:

1) Notice sur quelques écrits allemands, de la fin du XVIIe et du commencement du XVIIIe siècle, traitant de la Russie.

2) Les traductions qui ont été publiées de l'Instruction de l'impératrice Catherine II pour la confection du code des lois.

3) Mechovius et son traité "De duabus Sarmatiis".

4) Le comte Carlisle comme ambassadeur de Charles II en Russie.

5) Quelques écrits rares et curieux concernant Pierre-le-grand.

6) Supplément au № 4.

7) Feuilles volantes du XVIe siécle, en langues étrangères, ayant trait à la Russie.

8) Remarques bibliographiques sur l'histoire du règne de Pierre-le-grand par Oustrialoff.

9) Les premiers voyageurs étrangers en Russie.

Extrait des "Otetschestwennye Zapiski".

81. ПЕРВЫЯ РУССКІЯ ВѢДОМОСТИ. (Première gazette russe, imprimée à Moscou, en 1703, nouvellement reproduite d'après les deux exemplaires uniques conservés à la bibliothèque imp. publ.). St.-Pétersbourg, typographie synodale, 1855, in-8° de 3 ff. prélim. 30 pp. pour la préface, 262 pp. de texte imprimé en fac-simile, 2 ff. pour les variantes, 51 pp. de table et 2 ff. d'errata, également en fac-simile.

Cette réimpression, publiée à l'occasion du jubilée de l'université de Moscou, et devenue depuis elle-même d'une grande rareté, est due aux soins du bibliothécaire Bytschkoff. Voici quelques articles de journaux qui s'y rapportent: Gazette allem. de St.-Pétersbourg. 1855, № 19:

Facsimile der ersten russischen Zeitung. (par R. Minzloff.). — Journal de St.-Pétersbourg 1855, № 611: Réimpression des premières gazettes russes. — Hamburger krit. und liter. Blätter. 1855, 12 Sept. Fac-simile-Abdruck der ersten russischen Zeitung, par Zuchold, et un autre article du même auteur dans "Guttenberg" (Journal viennois). 1855, № 12. — Gazette allem. de St.-Pétersbourg 1857 № 154: Brief an den Redacteur der russischen St.-Petersburger Zeitung (par le baron M. de Korff.)

82. ИМП. МОСКОВСКОМУ УНИВЕРСИТЕТУ etc. (Adresse de la bibliothèque impériale publique de St.-Pétersbourg, présentée à l'université de Moscou le jour de son anniversaire séculaire). St.-Pétersbourg, Richter, 1855. Grande feuille de parchemin imprimée en couleurs, or et argent, à la Congrève.

83. HUSSOVIANI (Nicolai) carmen de statura, feritate ac venatione bisontis, denuo excusum Petropoli, typis acad. scient. imper., 1855 gr. in-4° de XII et 37 pp.

Il n'existait plus qu'un seul exemplaire de ce curieux poème imprimé en 1523 à Cracovie. La bibliothèque en décida la réimpression en honneur de la Société Impériale des Naturalistes de Moscou et chargea de ce soin M. Berkholz. On n'en a tiré que 100 exemplaires, tous sur grand papier-vélin et splendidement imprimés; le premier fut envoyé, avec une dédicace, à la dite Société le jour de son cinquantième anniversaire.

84. НѢКОТОРЫЯ НОВЫЯ ПРІОБРѢТЕНІЯ Имп. Пуб. Библіотеки. (Liste des principaux ouvrages acquis par la bibliothèque, depuis le 1 Août 1854 jusqu'au 1 Août 1855, sur la demande des lecteurs). St.-Pétersbourg 1855, 4°, 27 pp.

85. QUÉRARD. M. le baron Modeste de Korff, directeur en chef de la bibliothèque imp. publ. de St.-Pétersbourg. Paris, 1856, 6 pp. in-8°.

Extrait du Journal "Le Quérard". Quelques autres données sur le baron de Korff à l'occasion de son voyage à l'étranger se trouvent dans la Presse Belge du 16 Mai, la Zeit du 18 Mai, le Journ. de Francf. du 21 Juin, l'Oesterr. Zeitung du 1er Juillet 1856 etc.

86. СТАСОВЪ (В.) Новая драгоцѣнность въ Имп. Пуб. Библіотекѣ.

(STASSOFF (W). Nouvelle acquisition précieuse de la bibliothèque imp. publ.) St.-Pétersbourg, 1856 in 12° de 14 pp.

Extrait du journal russe de St.-Pétersbourg, 1856 № 182. Cet article concerne la grande et incomparable édition de l'Imitation de J. C. publiée à Paris, aux frais du gouvernement français, et acquise par la bibliothèque au prix de 5,000 fr.

87. _________ Автографы музыкантовъ.

(Autographes de musiciens célèbres, choisis dans les collections de la bibliothèque imp. publ.) St.-Pétersbourg. 1856, in-8°, 3 cah. de 20, 24 et 27 pp.

Extrait des "Otetscheswennye Zapiski".

88. КОССОВИЧЪ (К.) Письмо къ барону М. А. Корфу.

(KOSSOWITSCH (K). Lettre adressée au baron de Korff au sujet d'un manuscrit en langue sanscrite intitulé Bahawad-Ghita, chant de la divinité, et offert à la bibliothèque par M. Kossowitsch). St.-Pétersbourg. 16 pp. in-12°.

Extrait de la gazette russe de St.-Pétersbourg. 1856, № 8.

89. WELTER (W. L.). Lijst der Nederlandsche Handschriften in de Rus-Keizerlijke Bibliotheek in St.-Petersburg. Leiden, 1856, 8° 16 pp.

Extrait des "Handlingen der Maatschappy voor Nederlandsche Staaten letterkunde."

90. ПИСЬМО г. ДИРЕКТОРА Имп. Пуб. Библіотеки etc. барона М. А. Корфа.

(Lettre de M. le directeur de la bibliothèque imp. publ., membre honoraire de l'académie des sciences, baron M. A. Korff adressée au rédacteur du Bulletin russe de l'académie au sujet de l'essai de Mr. Pekarski sur les livres russes imprimés depuis 1698 jusqu'à 1730). St.-Pétersbourg (1856) in-8° de 8 pp.

Extrait du IVe vol. du Bulletin russe de l'académie.

91. ПОСѢЩЕНІЕ Имп. Публ. Библіотеки питомицами воспитательнаго общества.

(Visite faite à la bibliothèque imp. publ. par les élèves de la communauté des demoiselles nobles). St.-Pétersbourg impr. de l'acad. 1856, in-12°, 11 pp.

92. MURALT (E.). Notiz über die ältesten Polnischen Bibeln der K. Öff. Bibliothek. St.-Pétersbourg, 1856, in-8° de 3 pp.

Extrait du Journal allem. de St.-Pétersbourg, 1856 № 72.

93. КОРФЪ (Баронъ М. А.). Восшествіе на престолъ Императора Николая I-го.

(KORFF (Baron M. A.). Avènement au trone de l'Empereur Nicolas I. Troisième édition. St.-Pétersbourg, 1857, imprimerie de la II section de la chancellerie imp. in-8° de XIV et 236 pp.

Les deux premières éditions, tirées chacune à 25 exemplaires seulement, avaient été faites, du vivant de l'Empereur Nicolas, exclusivement pour l'usage de la famille impériale. La 3e édition entra comme première dans le domaine public; elle fut suivie immédiatement de deux autres éditions russes et de treize éditions et traductions en langues étrangères, dont la plupart parurent sans l'autorisation de la bibliothèque. Nous les énumérons ci-dessous. La vente de cet ouvrage, que l'auteur publia au profit de la bibliothèque, produisit la somme d'environ 30,000 r. arg. (120,000 francs).

94. KORFF (baron M. A.). Idem. 4e édition russe (2e pour le public) ibidem 1857, in-8° de XIV, 206 et 31 pp.

95. ________ Idem. 5e édition russe, augmentée (3e pour le public) ibidem 1857, in-12° de X, 238 et 42 pp.

96. ________ Avènement au trone de l'Empereur Nicolas Ier, ouvrage rédigé d'après l'ordre de l'Empereur Alexandre II par le sécrétaire d'état de Sa Majesté, baron de Korff. Traduit du russe. Paris, Duprat, 1857, in-8° de XIII et 343 pp.

97. ________ The accession of Nicolas I compiled by special command of the Emperor Alexander II by His Imperial Majestys Secretary of state baron M. Korff and translated from the original russian. Third impression (now first published). London, Murray, 1857, in-8° de 304 pp.

98. ________ Die Thronbesteigung des Kaisers Nicolaus I auf Al-

lerhöchsten Befehl S. Maj. des Kaisers Alexander II, verfasst von dem Staatssecretair Sr. M. Baron von Korff. Officielle deutsche Ausgabe. Frankfurt a. M. J. Baer, 1857, in-8° de XII et 187 pp.

Cette traduction est faite par le bibliothécaire Hehn.

99. KORFF (Baron M. A.). Idem, 2ᵉ édition allemande, ibidem, 1857, in-8° de XII et 187 pp.

100. ————— Idem, 3ᵉ édition allemande, ibidem, 1857, in-8° de XII et 187 pp.

101. ————— Die Thronbesteigung des Kaisers Nicolaus I von Russland im Jahre 1825. Berlin, allgemeine deutsche Verlagsanstalt, 1857, in-8° de 143 pp.

102. ————— Idem, 2ᵉ édition de la seconde traduction allemande, ibidem, 1857, in-8° de 143 pp.

103. ————— Idem, 3ᵉ édition de la seconde traduction allemande, ibidem, 1857, in-8° de 143 pp.

104. ————— Die Thronbesteigung Kaiser Nicolaus I von Russland im Jahre 1825. Berlin, Springer, 1857, in-8° de 245 pp.

105. ————— De Troonbestijging van Kaizer Nicolaas I van Russland, in het nederduitsch overgebr. door D. Doormann, Utrecht, 1857, in-8° de XII et 182 pp.

106. KORFF (Baron M. A.). Keisar Nicolaus I af Ryssland uppstigande på Thronen. Stockholm, 1857, in-12° de 170 pp.

107. ————— Keisar Nicolai I uppstigande på Thronen, öfversatt
af Lennart Forsten. Kuopio, 1858, in-4° de VIII et 160 pp.

108. ————— Wstąpienie na tron Cesarza Mikołaja Igo przet.
Joz. Przecławski. St.-Petersburg, 1857, in-8° de XIII et 215 pp.

Voici l'indication de quelques articles de journaux qui annoncèrent
l'apparition de cet ouvrage: en 1857: l'Abeille du Nord, № 169; l'Indé-
pendance Belge du 6 Octobre; le Journal de Francfort du 6 Octobre;
le Frankfurter Journal du 8 Octobre; le Frankfurter Conversationsblatt
du 12 Novembre; l'Union du 7 Décembre; en 1858: St.-Petersburger
Zeitung du $^{17}/_{29}$ Avril; Neue Preussische Zeitung du 12 Mai; etc. etc.

109. ПОМѢЩЕНІЕ, составъ, каталоги, переплеты, употребленіе Библіотеки.

(Tableau statistique de l'arrangement intérieur, de l'accroissement, de
la marche des catalogues, des reliures et de l'emploi de la bibliothèque,
depuis 1850 jusqu'en 1857.) Grande page in-fol. imprimée en couleurs.
St.-Pétersbourg, imprim. de l'acad. imp. 1857.

110. КНИГА приношеній.

(Livre des dons offerts à la bibliothèque, contenant la liste alphabétique des donateurs jusqu'à la fin de 1853.) St.-Pétersbourg, impr. de l'acad. 1857, fol., 60 pp.

On se propose de continuer cette liste de dix en dix ans.

111. HEHN (V.). Die Kaiserlich-Öffentliche Bibliothek in St.-Petersburg. 2 ff. in-fol., avec 2 grandes gravures en bois.

Extrait de l'Illustrirte Zeitung. Leipzig, 1857 № 732.

112. БЕРКГОЛЬЦЪ. Библіографическая замѣтка.

(BERKHOLZ. Remarque bibliographique, puisée dans la collection des Russica de la bibliothèque imp. publ. et se rapportant à un traité du prof. Dobrowski sur les mémoires qu'a laissés Laur. Müller du temps du roi Étienne Bathory.). St.-Pétersbourg. 1857, in-8° de 9 pp.

Extrait du Journal du Ministère de l'Instruction publique. 1857, № 1.

113. MURALT (Ed. de). Quelques mots sur l'acquisition d'un exemplaire de la Bible grecque publiée par le card. Angelo Mai d'après le manuscrit du Vatican. Rome et Leipzig 1857.

Extrait du Journal de St.-Pétersbourg.

114. BROSSET. Notice sur un manuscrit géorgien de la bibliothèque imp. publ. provenant de M. Tischendorff. St.-Pétersbourg. 1858, in-8° de 17 pp.

Tiré des Mélanges asiatiques de l'académie imp. des sciences T. III.

115. (MURALT E.). Merkwürdigkeiten aus der Karaïtischen Literatur. Aus der K. Öff. Bibliothek. 9 pp. in-8°.

Extrait de la Gazette allem. de St.-Pétersbourg, 1858, № 131.

116. СТРАННАЯ СЛУЧАЙНОСТЬ. (Un hasard singulier). 3 pp. in-8°.

Extrait de la Gazette russe de St.-Pétersbourg, 1858, № 75. Cet
article se rapporte à un manuscrit Karaïte dont les morceaux dispersés
en différentes contrées de l'Orient se sont rencontrés dans la bibliothèque
imp. publ. à St.-Pétersbourg. Voyez Hamburger literär. und krit. Blätter
du 19 Mai et du 30 Juin 1858 où ce fait est mentionné.

117. LAVATERS BRIEFE an die Kaiserin Maria Feodorowna, Ge-
mahlin Kaiser Paul I von Russland, über den Zustand der Seele nach
dem Tode. Ein Beitrag zur deutschen Literatur aus Russland, der Uni-
versität Jena bei Gelegenheit ihres dreihundertjährigen Stiftungsfestes
übersandt von der St.-Petersburger K. Öff. Bibliothek.

St.-Pétersbourg 1858, imprim. de l'académie imp. des sciences, gr.
in-8° de 70 pp.

Édition très soignée, dont l'exemplaire envoyé à l'université de Jena
a été tiré sur peau de vélin. Le bibliothécaire Minzloff, qui avait découvert les lettres autographes de Lavater, fut chargé de cette publication. Beaucoup de journaux l'ont annoncée au public, comme: Frankfurter

Conversations-Blatt. 1858, 24 Oct. — St.-Petersburger Zeitung, $^8/_{20}$ et $^{14}/_{26}$ Août. — Hamburger krit. und liter. Blätter, 17 Nov. — Wiener Zeitung. 11 Nov. — Magazin f. d. Literatur des Auslandes, 30 Octob. — Grazer Zeitung, 11 Déc. 1858.

118. PERSONNEL de la bibliothèque imp. publ. de St.-Pétersbourg. — St.-Pétersbourg, imprimerie privée de la bibliothèque, 1858, in-8° de 6 pp.

119. MINZLOFF (R.). Beschreibung einiger Prussica der K. Öff. Bibliothek zu St.-Petersburg. 1858, 14 pp. in-8°, contenant: 1) Das Leben der h. Dorothea. 2) Caspar Böttchers Chronik. 3) Chronicon Olivense. 4) Diplomata Poloniae et Prussiae ex saeculo XIV.

Extrait des N. Preuss. Provinzialblätter.

120. ________ Eine alte Bücherei in der K. Öff. Bibliothek zu St.-Petersburg, 1858 in-8°. 4 ff.

Tiré du Journal allem. de St.-Pétersbourg. 1858, № 70.

Reproduit dans Hamburger liter. und krit. Blätter. 1858, 24 Mars.

121. ________ Description d'une salle de la bibliothèque imp. publ. de St.-Pétersbourg. 2 ff. in-12°.

Traduction de la pièce précédente, par le prince Aug. Galitzin, extraite du Bulletin du bouquiniste. Paris, 1859. 1er Mars.

122. MINZLOFF (R.). Notice sur les reliures anciennes de la bibliothèque imp. publ. de St.-Pétersbourg. Paris, Techener, 1859, in-8° de 39 pp.

Extrait du Bulletin du bibliophile de Techener. Novembre et Décembre 1858.

123. DORN (B.). Über eine neue der K. Öff. Bibliothek zu Theil gewordene Sammlung von morgenländischen Handschriften, 1859, 4 pp. in-8°.

Extrait du Journal allem. de St.-Pétersbourg 1859, № 232.

124. _______ Über die vordem Dolgorukische, jetzt der K. Öff. Bibliothek zugehörige Sammlung von morgenländischen Handschriften, 1859. 10 pp. in-8°.

Extrait du Bulletin de l'Acad. des sciences. p. 357 etc.

125. КОРФЪ (Баронъ М. А.). Изъ Имп. Пуб. Библіотеки.

(KORFF (Baron M. A.). Déclaration, au nom de la bibliothèque, en faveur de M. Hanka auquel on avait injustement reproché un trafic de manuscrits contrefaits.) 4 pp. in-8°.

Extrait de la Gazette russe de St.-Pétersbourg, 1859, № 89.

126. ДЕСЯТИЛѢТІЕ Имп. Пуб. Библіотеки.

(DIX ANS de la bibliothèque imp. publ.) St.-Pétersbourg, impr. de la II sect. de la chancellerie imp. 1859, in-8° de 49 pp.

Analyse en français, par le comte Rastaptchine, dans le Journal de St.-Pétersbourg, 1860.

Traduction allemande, par le bibliothécaire Becker, dans le Sérapéum de Naumann, 1860, № 3 et 4.

Analyse en allemand dans Petzholdt's Neuer Anzeiger für Bibliographie, 1860, Avril et Mai.

127. ПУТЕВОДИТЕЛЬ по Имп. Пуб. Библіотекѣ.

(GUIDE de la bibliothèque imp. publ.). St.-Pétersbourg, imprim. de la maison de commerce de Strougowtschikoff etc. 1860, in-12° de 66 pp.

128. GUIDE de la bibliothèque imp. publ. de St.-Pétersbourg. St.-Pétersbourg, Bélizard, 1860, in-12° de 39 pp.

129. WEGWEISER der K. Öff. Bibliothek zu St.-Petersburg. St.-Pétersbourg, impr. de l'acad. imp. des sciences, 1860, in-12° de 52 pp.

Ce nouveau guide, qui a paru à la fois en trois langues, n'est pas une simple seconde édition de l'ancien. Il en est le résumé et, en même temps, la continuation par rapport aux nombreux changements qui se sont opérés dans la bibliothèque depuis 1852.

130. ОПИСАНІЕ С. Петербурга и Кроншлота въ 1710 и 1711 годахъ.

(DESCRIPTION de St.-Pétersbourg et de Cronslott datant des années 1710 et 1711). St.-Pétersbourg, impr. de la maison de commerce de

Strougowtschikoff etc. 1860, in-16° de 108 pp. Types et fleurons dans le goût des Elzevir.

Traduit sur un ancien livret allemand, commenté et publié, au nom de la bibliothèque, par le directeur baron de Korff. Il en a été tiré des exemplaires sur papier de différentes couleurs.

131. СОБОЛЬЩИКОВЪ (В.). Обзоръ большихъ библіотекъ Европы.

(SOBOLSTCHIKOFF (V.). Coup d'oeil sur l'état des grandes bibliothèques de l'Europe au commencement de l'année 1859.) St.-Pétersbourg, typogr. de l'acad. des sciences, 1860, in-8° de 89 pp.

132. BIAŁECKI (Antoni). Rękopisma Długosza w Petersburgskich bibliothekach pod względem paleograficznym. Petersburg, Ohryzko, 1860, in-8° de 126 et XIV pp.

Avec 32 fac-similes lithographiés sur 5 planches.

133. МУРАЛЬТЪ (Е.). Синайская Библія.

(MURALT (E.). Remarques sur le manuscrit grec de la Bible, apporté du mont Sinaï). 13 pp. in-12°.

Extrait de la Gazette russe de St.-Pétersbourg 1860 № 25.

134. MURALT (E.). Die Sinaïtische Bibelhandschrift, in Bezug besonders auf das neue Testament, den vaticanischen Codex und Origenes. 9 pp. in-8°.

Extrait de "Studien und Kritiken". Gotha, 1860.

Le précieux manuscrit grec de la Bible, datant du IVe siècle, que le professeur Tischendorff avait apporté du mont Sinaï et exposé dans la bibliothèque imp. publ., a causé de longs débats entre le professeur de Leipzig d'un côté et M. Nauk de l'autre. On peut les lire dans la Gazette allemande de St.-Pétersbourg.

135. FEUILLES D'ÉPREUVE du catalogue des Russica de la bibliothèque impériale de St.-Pétersbourg. St.-Pétersbourg, 1860, gr. in-4° de 1,010 pp. contenant 20,686 articles, en outre 2 cahiers de 11 et 9 pp., contenant le premier 95 titres grecs et le second 47 titres hébreux.

Édition lithographiée. Titre et avant-propos en russe, allemand et français.

136. БЫЧКОВЪ (А.). Новое пріобрѣтеніе И. П. Библіотеки.

(BYTSCHKOFF (A.). Une nouvelle acquisition de la bibliothèque impériale publique). St.-Pétersbourg, 1861, 7 pp. in 8°.

Extrait de la Gazette russe de St.-Pétersbourg, 1861, № 101.

L'objet de cette notice est la précieuse collection de vieux imprimés russes, provenant de M. Karataïeff.

137. CATALOGUE d'une belle collection d'ouvrages en majeure partie rares et précieux, concernant la Russie et l'ancienne Pologne, qui

seront vendus aux enchères à la bibliothèque impériale publique le 27, 28 et 29 Mars 1861. St.-Pétersbourg, Jos. Ohryzko, 1861, in-8° de 32 pp.

Ce catalogue a été redigé par le bibliothécaire *Minzloff*.

138. MINZLOFF (R.). Catalogue des publications de la bibliothèque impériale publique de St.-Pétersbourg, depuis sa fondation jusqu'en 1861, ainsi que des différents écrits qui la concernent spécialement, ou qui ont été publiés à son profit. St.-Pétersbourg, impr. de Hohenfelden et Comp. 1861. in-4° de LIV et 38 pp.